실무 중심의 PMO 가이드 & 매뉴얼

# 성공하는 PMO

프로젝트 관리실무를 위한 총서

실무 중심의 PMO 가이드 & 매뉴얼

# 성공하는 PMO

이석주 박상종 리강민 이승철

## PROJECT

## MANAGEMENT OFFICE

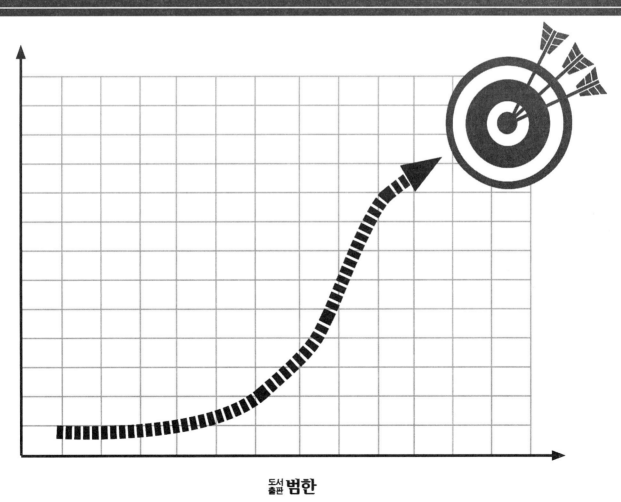

도서출판 범한

# 머 리 말

다른 나라 사람들은 우리나라를 보면 프로젝트관리 선진국이라고 부러워한다. 우리는 프로젝트관리 국가 표준(KSAISO21500)도 국제표준인 ISO 21500이 공표된지 2년 후인 2014년 공표하여 프로젝트 국가 표준을 가진 10개 국가 중 하나이다. 국가 표준 직무체계인 NCS(National Competency Standards)에서도 사업관리(프로젝트관리)가 국가에 필요한 직무로 정의(대분류 1번)되어 있다. 아울러 PMO가 공공정보화 분야에서 2013년 7월에 도입되었고 현재 많은 SW/IT 프로젝트에 적용되고 있다.

그러나 실제 현장에 가보면 전혀 그렇지 않다. 실무자들의 프로젝트관리에 대한 인식 수준이 너무 낮고, 실무 차원에서 고민하고 이해하는 사람들이 거의 없다는 것을 느낀다. 더욱이 많은 영역에서 프로젝트관리 기능을 Overhead Cost 영역으로 이해하고 있는 분들이 많다.

PMO는 2013년 7월 전자정부지원사업 위탁 용역으로 시작하여 전자정부법 64조 2항과 동법 시행령 78조를 관련 규정으로 제정되었고, PMO 활성화를 위해 2016년 감리 감면 조건을 포함한 관련 법령을 개정(2016년 12월 31일 부)하였다. 초기 PMO는 프로젝트관리처럼 인식이 되었으나, 2012년 말 'PMO 도입 운영가이드'가 한국정보화진흥원에서 발간되면서 그 의미를 구분하기 시작하였다. 2013년 이래 공공정보화 부문에서 100여 개의 프로젝트에 PMO를 도입하였고, 최근에는 훨씬 더 많은 프로젝트에 도입하고 있다.

2001년 금융산업 분야에서 PMO가 도입되기 시작했고, 저자중 이석주 교수는 2001년부터 국내 프로젝트에 PMO로 참여하였으며, 2008년부터 2010년까지 진행된 유럽 Euro 프로젝트에 PMO로 참여하여 여러 가지 PMO 효과를 직접 체험할 수 있었다. 그리고 최근 국가재난안전통신망 프로젝트에 PMO분야 자문으로 참여 중이다.

PM과 PMO는 다른가?

2012년 5월 PMI의 Global PM Conference에서 이석주 교수가 PM과 PMO에 대해서 발표했을 때도, 2012년 7월 고려대학교에서 개최한 Global PMO Conference

에서 '공공 정보화 부문의 PMO 제도 도입' 관련 논문을 발표했을 때도 PM과 PMO에 대해서 수많은 질문이 제기되었다. 특히 일본의 PM전문가는 왜 한국에서는 PM보다는 PMO를 더 이야기하는지 의구심을 갖고 질문한 적이 있다.

PM은 2012년 ISO21500이 공표되면서 프로젝트관리의 주요 개념과 프로세스 등이 정의되었고, ISO/TC258에서 Program, Portfolio 등과 함께 표준화 작업이 진행되어 ISO21503(프로그램 관리), ISO21504(프로젝트 포트폴리오 관리), ISO21505(프로젝트 거버넌스)가 2016년과 2017년에 공표되었다. 이와 관련 우리나라 국가 표준화 작업은 ISO21500이 KSAISO21500으로 2013년에 제정되었으며, ISO21504는 2019년 상반기에 국가 표준화가 진행되고, ISO21503, ISO21505는 2019년 후반기에 제정될 계획이다.

2008년 미국 PMI에서 PMO에 대한 정의가 1차 이루어졌고, 그 밖에 Kerzner, Rad/Levin, Dinsmore 등 여러 학자들이 학문적으로 정의한 내용이 있지만 개인별로 차이가 있다.

PM은 '프로젝트관리'로 "기업/기관에서 다양한 목적을 위해 추진하는 프로젝트를 성공시키는 '성공 방정식', 즉 성공하기 위한 '지식과 체계'"이고, PMO는 "기업/기관의 추진 전략에 부합하도록 프로젝트를 평가"하고, "기업/기관이 생존/성장에 필요한 프로젝트를 반드시 성공시켜야 하는 '조직' 또는 '주체'"이다.

PMO는 프로젝트 성공을 위해 프로젝트 추진 과정에서 발생하는 문제를 최전방에서 해결하는 접점(Frond-end)뿐만 아니라 프로젝트 팀원이 프로젝트를 추진하는데 어려움 없도록 관련 교육, 멘토링, 코칭, PM 관련 문서 템플레이트 제공 등 프로젝트관리 지원을 성실히 수행할 수 있는 후방지원 능력을 가진 조직이다. 더 구체적으로 PMO는 프로젝트 초기에 요구/설계/사양을 완벽하게 정의하고, 프로젝트 계획을 철저하게 수립하도록 지원/관리하며, 프로젝트 실행 시 발생되는 수많은 이슈, 위기, 변경 등을 투명한 절차에 의해 조기에 처리하도록 지원/관리하고, 종료 시에 고객이 원하는 결과물이 납품되도록 하여야 한다. 물론 이를 위해 PMO는 PM교육은 물론 필요한 문서의 템플레이트 제공, 이해관계자들 간 갈등을 해결하는 프로세스 정립, 프로젝트 관련 팀원의 멘토링과 코칭 및 지원뿐만 아니라 프로젝트 추진시 발생되는 문제, 이슈, 위기를 추적하거나 해결할 수 있도록 PM분야(위기, 품질, 의사소통, 요구사항)의 전문가와 다양한 산업 분야의 전문가를 초빙하는 등 모든 관리와 지원을 하는 것이다.

PMO는 1990년대에 개념이 소개된 이래 2000년대에 미국 NASA(항공우주국), DOD(국방부), 그리고 DOE(에너지부)에서 추진되는 프로젝트에 PMO를 적용해 효과를 보면서 2005년 후반부터 일반 기업들이 PMO를 도입하기 시작하였으며, 최근 자료에 의하면 대기업의 80%이상이 PMO를 갖고 있고, 프로젝트를 PMO에 의해 추진할 경우 성공률이 40%이상 증가하는 것으로 보고되고 있다.

우리나라의 경우 1980년대에 Project Office로 건설 회사에서 기성고(旣成高) 취득을 위해 용역사업으로 발전하였고, 2002년부터 금융 산업계에서 차세대 프로젝트 중심으로 PMO를 구성하였으며, IT/SW산업 분야에서 2006년 통합전산망 관련 프로젝트 추진에 PMO가 도입된 적이 있다. 공공정보화 부문은 2012년부터 SW산업진흥법, 전자정부법에서 PMO 도입을 법제화하고, 2013년 7월부터 도입하여 2018년에는 공공정보화 부문 100여 개 프로젝트에 도입되었다,

저자가 PMO 책을 집필한 근본적인 이유는 PMO에 대한 잘못된 이해를 바로잡기 위한 것이 가장 크다. 그 예로 IT 분야의 경우, PMO에 대해 Software Engineering으로 또는 CMMI의 일부로 생각하기도 하고, 공공 정보화 부문의 경우 많은 PMO 프로젝트가 PMO 전문지식 없이 수행된다. 건설의 경우, PMO를 단순하게 Project Office로 이해하기도 한다. 이처럼 PMO를 잘못 이해할 경우에 PM의 단순 도구나 방법론으로 이해되어 긍정적인 면으로 작용하기보다 역(逆)기능으로 작용되어 PMO 제도 도입의 근본적 취지를 훼손할 우려가 있다.

이 책은 복잡한 현대 사회에서 기업이나 기관에서 성공적으로 프로젝트를 추진해야 하는 PMO 전문가나 프로젝트관리자, 프로젝트 팀 구성원이 실무 과정에 대한 핵심적인 지식을 얻고자 할 때 PM 또는 경영 관련 서적에서 해결할 수 없던 지적(知的) 갈증

을 이 책을 통해서 해결하리라 확신한다.

특히 이 책은 기존 PM 프로세스에 더해 실무적용을 위해 PMO포럼 멤버들과 2년여에 걸쳐 연구하여 개발한 70여 개 PMO 프로세스를 사용하여 거의 120여 개 프로세스로 성공적인 프로젝트 수행을 지원하게 된다.

이 책은 크게 6 부분으로 나누어진다.

제1장은 PMO에 대한 일반적인 내용과 현황 등을 간단하게 정리하여 PMO를 도입하고자 하는 기업/기관에 필요한 기본정보인 PMO 정의부터 기능, 가치, 조직을 포함 2010년 이후, 2016년 PM Solutions사의 PMO Survey 내용과 PWC사의 PMO Survey 결과 등을 정리, 설명하였다. 이 내용을 기초로 PMO를 도입하고자 하는 기업/기관이나 PMO를 전문 업종으로 하고자 하는 기업/기관들에게 가장 기본적인 방향을 제공하게 될 것이다.

제2장은 PMO를 운영하는데 필요한 프로젝트와 프로젝트관리의 기본 지식을 꼭 필요한 내용 중심으로 요약하여 설명한다. 우선 '프로젝트'에서 프로젝트 추진 조직과 관련자들, 수명주기의 특성 등을 소개하고, '프로젝트관리'에서 최근에 공표된 ISO21500 중심으로 프로젝트관리 정의, 주요 기능과 관리영역, 산출물을 소개하며, 파트 마지막 부분에서 ISO21500과 PMBOK과 중요 내용을 비교 분석한다.

제3장은 PMO가 실제 프로젝트를 성공시키기 위해 꼭 필요한 개념과 주요 요인을 체계적으로 정리하였다. 프로젝트관리에 대한 잘못된 편견을 포함, 프로젝트를 성공적으로 추진하기 위해 어떤 요인들을 사전에 충분히 고려할 것인가를 그림과 함께 서술식으로 설명하여 이해도를 높이기 위해 노력하였다. 또 이 책의 마지막에는 PMO 성공을 위해 필요한 표준 템플레이트 서식을 간단한 개념과 함께 정리하였다.

제4장은 이 책의 핵심으로 PMO 실무에 적용하는데 필요한 77개 PMO 프로세스를 40여 개의 프로젝트관리 프로세스와 함께 소개한다. 우선 프로젝트 계획 수립의 구체적 내용을 설명하는 사전기획부터 본 프로젝트 착수, 계획, 실행, 통제, 종료에 이르는

전 수명주기에 걸쳐 필요한 PMO 프로세스를 프로젝트관리 프로세스와 함께 설명한다. 이 장에서는 기존의 PM 프로세스와 함께 40여 개 PMO 프로세스를 새롭게 정의하고, 실무에서 사용할 수 있게 하였다.

제5장은 제4장의 프로세스를 지원하고 이해를 돕기 위해 구체적인 방법과 도구 등을 소개한다. 특히 요구사항 명확화, WBS 및 Work Package, 프로젝트 공정표 및 상세일정표, 프로젝트 S-Curve를 포함하는 기초계획과 위기계획을 포함하는 상세계획, 진척과 통제, EVM 등 실무에 적용할 수 있도록 설명하고 있다.

제6장은 공공부문 정보화에 도입된 PMO 제도를 소개하고, 관련 법령, 가이드를 실무 적용 시 참고할 수 있도록 하였다. 최종적으로 이 책의 첨부에 PM과 PMO가 실무 적용 할 수 있도록 템플레이트를 추가하였다.

끝으로 이 책이 탄생되도록 2015년부터 도와준 PMO 포럼 멤버들께 감사드리며, 이 책을 출판할 수 있도록 뒤에서 후원해 주신 도서출판 범한 이낙용 사장님께 감사드립니다.

저자 일동

# 목 차

제1장 PMO Introduction ·········································· 19

  1.1 우리의 인식과 현황 ········································· 24

  1.2 PMO Survey 결과 ·········································· 28

  1.3 공공부문 정보화 사업의 PMO 도입 ·················· 33

  1.4 PMO 시사점 ··············································· 34


제2장 PM Fundamental ·········································· 37

  2.1 프로젝트관리 일반 ········································· 39

  2.2 프로세스 그룹 ············································· 47

  2.3 관리영역 ··················································· 55

  2.4 주요 산출물 ··············································· 65


제3장 PMO Fundamental ········································ 87

  3.1 PMO 정의 ················································· 90

  3.2 PMO 종류와 진화 그리고 발전 ······················· 92

  3.3 PMO 도입모델 ············································ 95

  3.4 PMO의 역할 및 기능 ···································· 98

  3.5 PMO의 가치 및 효과 ··································· 103

  3.6 PMO 수행주체에 따른 조직 구성 ··················· 104

  3.7 PMO 교육 ··············································· 108


제4장 PMO 실무 ················································· 113

  4.1 Pre-PMO 수행 ··········································· 115

  4.2 본사업 착수 ············································· 123

  4.3 본사업 계획 리뷰 및 검토 ···························· 131

  4.4. 본사업 수행 및 통제 ·································· 157

  4.5. 본사업 종료 단계 ······································ 171

  4.6. 사후관리 단계 ·········································· 177

  4.7. PMO 종료 단계 ········································ 181

제5장 PMO 도구와 방법론 ···················································· 185

5.1 요구사항 가시화와 명확화 ········································· 187
5.2 WBS 개념 및 중요성 ················································· 194
5.3 프로젝트 공정표 ······················································· 200
5.4 프로젝트 상세일정표 ················································· 204
5.5 프로젝트 내비게이터 S-Curve ··································· 209
5.6 철저한 계획 수립 ····················································· 210
5.7 사전관리 중심의 위기 관리 ········································ 210
5.8 진척 관리 및 통제 ···················································· 222
5.9 변경절차 및 통제절차 이행 ········································ 226
5.10 EVM(Earned Value Management) ······························ 232


제6장 공공 PMO ································································· 237

6.1 공공PMO 개념 ························································· 239
6.2 도입 배경 ································································· 239
6.3 법적 근거 ································································· 241
6.4 PMO 제도 현황 ······················································· 242
6.5 PMO 도입 기준 ······················································· 244
6.6 PMO 도입 시기 ······················································· 245
6.7 PMO예산 확보 ························································· 246
6.8 PMO사업자와 발주기관의 역할 ·································· 247
6.9 전자정부사업의 관리감독 수탁자 자격요건 ·················· 254
6.10 PMO사업자 조직구성 ··············································· 254
6.11 PMO사업자의 독립성 등 ··········································· 255


제6장 표준 템플릿 ······························································· 257

# 표 목차

[표 2-1] 프로젝트관리 일반 정의 ……………………………………… 41

[표 2-2] 프로젝트관리 방법론 비교 …………………………………… 41

[표 2-3] 프로젝트관리 프로세스 비교 ………………………………… 42

[표 2-4] 프로젝트관리 영역 비교 ……………………………………… 42

[표 2-5] 프로젝트관리 프로세스 비교 ………………………………… 43

[표 2-6] 프로젝트관리 산출물 비교 …………………………………… 45

[표 2-7] 프로세스 그룹 내용 …………………………………………… 48

[표 2-8] 착수 프로세스 그룹의 프로세스 …………………………… 49

[표 2-9] 계획 프로세스 그룹의 프로세스 …………………………… 51

[표 2-10] 실행 프로세스 그룹의 프로세스 …………………………… 52

[표 2-11] 감시 및 통제 프로세스 그룹의 프로세스 ………………… 54

[표 2-12] 종료 프로세스 그룹의 프로세스 …………………………… 54

[표 2-13] ISO21500의 표준 프로세스 ………………………………… 55

[표 2-14] 통합관리 프로세스 …………………………………………… 57

[표 2-15] 범위관리 프로세스 …………………………………………… 58

[표 2-16] 일정관리 프로세스 …………………………………………… 58

[표 2-17] 자원관리 프로세스 …………………………………………… 59

[표 2-18] 원가관리 프로세스 …………………………………………… 60

[표 2-19] 품질관리 프로세스 …………………………………………… 60

[표 2-20] 위기관리 프로세스 …………………………………………… 61

[표 2-21] 구매/조달관리 프로세스 …………………………………… 62

[표 2-22] 이해관계자관리 프로세스 …………………………………… 63

[표 2-23] 의사소통관리 프로세스 ……………………………………… 64

[표 2-24] 프로젝트 차터 내용 ………………………………………… 66

[표 2-25] 범위기술서 내용 ……………………………………………… 68

[표 2-26] WBS 내용 ……………………………………………………… 70

[표 2-27] WBS Dictionary 내용 ……………………………………… 71

[표 2-28] 프로젝트공정표 내용 ··················································· 72

[표 2-29] 프로젝트 상세일정표 내용 ············································ 74

[표 2-30] S-Curve 내용 ························································· 75

[표 2-31] 진척보고서(주 · 월간) 내용 ·········································· 76

[표 2-32] 변경/이슈 로그 내용 ················································· 81

[표 2-33] 변경요청서 내용 ······················································ 84

[표 3-1] PMO 정의 ····························································· 91

[표 3-2] 기상대 모델 ··························································· 95

[표 3-3] 코치 모델 ····························································· 96

[표 3-4] 작전본부 모델 ························································· 97

[표 3-5] PMO 조직 ···························································· 104

[표 5-1] 요구사항 명확화 프로세스 목록 ····································· 192

[표 5-2] ADM 및 PDM 방법 비교 ··········································· 202

[표 5-3] 프로젝트의 상세일정표 ·············································· 208

[표 5-4] 철저한 계획수립 프로세스 목록 ····································· 212

[표 5-5] 위기관리 프로세스 목록 ············································· 215

[표 5-6] 위기의 영향도 결정 ················································· 219

[표 5-7] 진척보고 상세 프로세스 목록 ······································· 223

[표 5-8] 변경 프로세스 목록 ················································· 227

[표 5-9] EVM의 여러 지표 ··················································· 233

[표 6-1] 연도별 전자정부사업관리 위탁(PMO) 사업 규모 ·················· 242

[표 6-2] PMO 도입 기준 ······················································ 244

[표 6-3] 전자정부사업관리자의 수행단계별 세부 업무(제14조 관련) ········· 247

[표 6-4] PMO사업자의 PMO대상사업 집행단계 관리 · 감독 항목 ··········· 249

[표 6-5] PMO사업자의 PMO대상사업 집행단계 기술지원 항목 ·············· 250

## 그림 목차

[그림 1-1] PMO 시각 ······················································· 22

[그림 1-2] 요구사항 명확성 영향 ········································· 23

[그림 1-3] 프로젝트 추진 2가지 방법 ··································· 25

[그림 1-4] PMO 레벨별 성과 ············································· 31

[그림 2-1] 프로젝트관리 개념 ············································· 40

[그림 2-2] 프로세스 그룹과 상호성 ····································· 48

[그림 2-3] 프로세스별 주요 산출물 ····································· 65

[그림 2-4] 프로젝트 차터 양식 ··········································· 67

[그림 2-5] 범위기술서 양식 ··············································· 69

[그림 2-6] WBS 양식 ······················································· 70

[그림 2-7] Work Package ················································· 71

[그림 2-8] WBS Dictionary 양식 ········································ 72

[그림 2-9] 프로젝트공정표 양식 ·········································· 73

[그림 2-10] 프로젝트상세일정표 양식 ··································· 74

[그림 2-11] S-Curve ························································· 75

[그림 2-12] 주간회의와 진척보고서 양식 ······························ 77

[그림 2-13] 월간회의와 진척보고서 양식 ······························ 79

[그림 2-14] 변경로그 양식 ················································· 82

[그림 2-15] 이슈로그 양식 ················································· 83

[그림 2-16] 변경요청서 양식 ·············································· 85

[그림 3-1] PMO 진화 ······················································· 93

[그림 3-2] 기상대 모델 ····················································· 95

[그림 3-3] 코치 모델 ························································· 96

[그림 3-4] 작전본부 모델 ·················································· 97

[그림 3-5] Gartner의 PMO 역할 정의 ·································· 99

[그림 4-1] PMO 사업기획 및 계약 업무 흐름 ······················ 116

[그림 4-2] 준비 및 사전 기획 업무 흐름 ······························ 119

[그림 4-3] 착수 업무 흐름 ················································· 125

[그림 4-4] 요구사항과 WBS 업무 흐름 ······························· 133

[그림 4-5] 납기 점검 및 검토 업무 흐름 ····························· 139

[그림 4-6] 리스크 계획 리뷰 및 검토 업무 흐름 ················· 145

[그림 4-7] 자원계획서 리뷰 및 검토 업무 흐름 ·················· 148

[그림 4-8] 이슈관리 계획 리뷰 및 검토 업무 흐름 ·············· 150

[그림 4-9] 의사소통 계획 리뷰 및 검토 업무 흐름 ·············· 152

[그림 4-10] 품질 계획 리뷰 및 검토 업무 흐름 ·················· 155

[그림 4-11] 주·월간 진척 점검 및 평가 업무 흐름 ·············· 158

[그림 4-12] 이슈 분석 및 대응 업무 흐름 ························· 161

[그림 4-13] 리스크 분석 및 예방 업무 흐름 ······················ 164

[그림 4-14] 변경 요청 분석 및 통제 업무 흐름 ·················· 168

[그림 4-15] 검수 준비 업무 흐름 ···································· 171

[그림 4-16] 인수인계 업무 흐름 ······································ 173

[그림 4-17] 완료 업무 흐름 ··········································· 175

[그림 4-18] 본사업 사후관리 업무 흐름 ···························· 178

[그림 4-19] PMO 종료 업무 흐름 ··································· 182

[그림 5-1] 요구사항과 작업 ··········································· 187

[그림 5-2] PMO 종료 업무 흐름 ···································· 190

[그림 5-3] 요구사항 가시화 프로세스 흐름도 ···················· 192

[그림 5-4] 요구사항 ID의 관계도 ···································· 193

[그림 5-5] WBS의 분할 ··············································· 195

[그림 5-6] WBS의 단계별 구성 ······································ 195

[그림 5-7] WBS의 문장식 계층 구조 ······························· 196

[그림 5-8] WBS에서 Work Package 구성 ························· 197

[그림 5-9] Work package와 활동 관계 ······························ 197

[그림 5-10] WBS ID의 관계도 ········································ 198

[그림 5-11] Activity ID의 관계도 ································································ 199

[그림 5-12] 바 차트 ······················································································ 200

[그림 5-13] ADM 방법 ················································································ 201

[그림 5-14] PDM 방법 ················································································ 202

[그림 5-15] 마일스톤 ·················································································· 203

[그림 5-16] 전진계산 예 ············································································ 205

[그림 5-17] 후진계산 예 ············································································ 205

[그림 5-18] 여유일 계산 ············································································ 206

[그림 5-19] S-Curve 사용한 계획 및 진척 비교 ·································· 209

[그림 5-20] 기초계획 및 상세계획 ·························································· 210

[그림 5-21] 계획 상세화 프로세스 ·························································· 211

[그림 5-22] 위기관리 프로세스 ································································ 214

[그림 5-23] 위기관리 프로세스 상세 흐름도 ········································ 215

[그림 5-24] 징조, 징후에서 위기까지 관리 ············································ 216

[그림 5-25] 위기ID의 관계도 ···································································· 218

[그림 5-26] 등급별 영향력 분석 ······························································ 220

[그림 5-27] 위기 영향력 분석 ·································································· 220

[그림 5-28] 시간에 따른 위기와 비용 추이 ·········································· 221

[그림 5-29] 계획과 실적의 원인 및 차이분석 ······································ 222

[그림 5-30] 통제 프로세스 흐름도 ·························································· 225

[그림 5-31] 수명주기별 만회 비용 ·························································· 225

[그림 5-32] 요구사항 변경요인 ································································ 226

[그림 5-33] 기본적 변경 프로세스 ·························································· 227

[그림 5-34] 통합변경통제 프로세스 흐름 ·············································· 228

[그림 5-35] Change ID의 관계도 ······························································ 229

[그림 5-36] 프로젝트의 전통적인 평가방법 ·········································· 232

[그림 5-37] EVM 방법을 사용한 프로젝트 평가방법 ·························· 233

[그림 5-38] EVM 개념 ································································ 234

[그림 5-39] EVM 지표 추이분석 ············································ 235

[그림 6-1] 공공PMO의 법적 관계 ·········································· 241

[그림 6-2] PMO 제도 관련 법/제도 ······································ 243

[그림 6-3] 조직간 역할 ·························································· 252

# 제 1 장
# PMO Introduction

경영활동이 대형화되고 복잡해짐에 따라 기업은 많은 사업을 프로젝트 형태로 수행하고 있다. 신제품 개발, 사업과정의 재설계, 공급망관리, 시스템 설치, 연구개발, 경영혁신 등 모든 경영과제를 프로젝트 형태로 수행하고 있다. 특히 금융, 제조, 제약, 정보기술 기업들은 스스로를 '프로젝트 기반의 기업(Project-Based Enterprises)'이라고 지칭하고 있다. 따라서 기업이 프로젝트를 효과적으로 수행하기 위해서 최근 PMO를 설치하고 운영하는 것은 당연한 일이 되었다.

지난 여러 해 동안 PMO의 증가 추세는 수적으로나 질적으로 정말 놀라울 정도이다. PM Solutions의 연구보고서는 47%의 기업이 PMO를 갖는 것으로 나타났으나, 최근 조사에서 PMO의 숫자는 거의 2배에 가까운 90%의 기업이 PMO를 갖는 것으로 조사되었다. 특히 또 다른 중요한 점은 양적 증가와 함께 질적 성장을 보여주고 있다. 즉 PMO를 가진 기업이 그렇지 않은 기업에 비해 목표와 전략의 이행 측면에서 거의 2배 정도이고 자원 예측과 능력관리에서 거의 2배 이상, 그리고 프로젝트관리자 관리나 훈련 활동 등에서도 우수한 것으로 보여주고 있다.

PMO는 기업/기관의 목적을 달성하기 위하여 프로젝트, 프로그램을 중앙에서 통합 조정하는 조직 또는 주체로 아직 ISO(International Organization for Standardization)같은 국제 표준기관에서 정의되지는 않았으나, 연구학자에 따라 PMO가 Program Management Office, Project Support Office, Project Office, Project Portfolio Management Office, Center of Excellence로 다양하게 사용되고 있다.

## [그림 1-1] PMO 시각

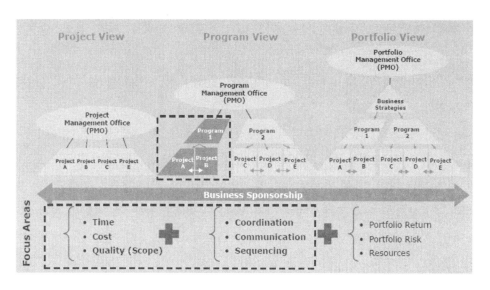

출처 : PMO 101 Shail Sood

PMO의 궁극적인 목적은 기업이 수행하는 프로젝트에 관련된 모든 사람과 협력, 협업을 통해 조직이 지향하는 목적에 맞게 신속하고(Faster), 우수하게(Better), 값싼 비용 (Cheaper)으로 종료할 수 있도록 지원한다. 그러나 단순히 PMO를 설치하는 것만으로 우수한 결과를 달성하는 것은 아니다. PMO는 프로젝트 수행과 관련된 모든 사람들과 함께 프로젝트 성공을 위해 지속적으로 노력하는 것이다.

우리나라는 공공 정보화 부문에서 초기 요구사항을 명확하게 정의하지 못함에 따라 프로젝트 후반에 수많은 변경 요구가 발생되고 있다. 이로 인해 프로젝트 납기가 지연되고, 아울러 사용자 요구사항 미 준수로 인한 소프트웨어 품질 저하로 이어지고 있다. 이에 대한 대책으로 PMO 도입을 2013년 제도화하였고, 2016년 말에는 PMO 활용을 높이기 위해 관련 시행령을 개선한 바 있다.

[그림 1-2] 요구사항 명확성 영향

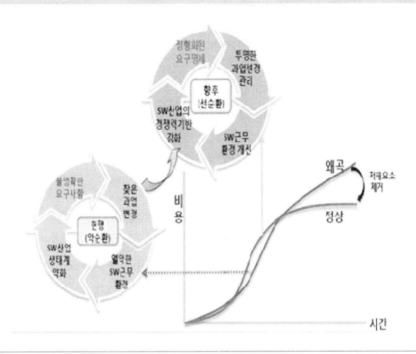

○ 우리 프로젝트관리 수준

기업/기관들이 프로젝트를 하면서 프로젝트관리자나 리더의 직관과 경험에 따라 프로젝트를 수행하는 것을 자주 본다. 그들은 대형 문제나 위기가 발생하는 경우에만 프로젝트관리 방법을 이용하여 한시적으로 그 문제를 해결하고, 문제가 해결되면 다시 원상태로 돌아간다. 그들은 정형화된 적용기준도 없고, 관련 산출물도 프로젝트마다 다르고, 프로젝트관리 시스템조차도 프로젝트관리자의 특성에 따라 다른 것을 사용한다. 그들은 임기응변식 사후관리로 프로젝트를 관리하고 있는 것이다. 프로젝트 성공과는 거리가 먼 형식적인 수준의 관리만 하면서 프로젝트 성공률을 100%라고 착각하는 것이다. Standish 그룹의 성공기준을 적용할 경우 우리 기업의 프로젝트 성공률은 20~25% 정도로 예상된다. 낮은 프로젝트 성공률은 기업/기관에 엄청난 추가 비용을 야기하게 된다. 자료에 의하면 25%의 경우 정상적인 비용보다 60%의 비용을 추가로 낭비하고 있는 것이다. 프로젝트관리를 잘하면 그 비용을 절약할 수 있는 것이다.

○ 우리가 달성 가능한 프로젝트 성공수준

Capers Jones(2000)에 의하면 프로젝트관리를 철저하게 적용만 하면 프로젝트 성공이 97~100%까지 가능하다고 그의 연구에서 밝히고 있다.

저자의 경험에 의하면, 프로젝트관리 지식과 그 절차대로 수행만 하면 우리도 프로젝트 성공률을 향상시킬 수 있다. [그림 1.3]은 프로젝트를 추진하는 2가지 방법에 대한 성공률을 보여주고 있다. 전자는 우리에게 익숙한 방법으로 프로젝트관리자의 경험과 직관으로 프로젝트를 추진하는 방법으로 이 경우 대부분의 프로젝트 성공률은 20~25% 내외이다. 후자는 이미 정리된 ISO21500이나 미국의 PMBOK의 프로젝트관리 지식과 방법을 사용하고, 이를 정확하게만 수행하면 프로젝트 성공률은 거의 100%에 도달할 수 있다.

## [그림 1-3] 프로젝트 추진 2가지 방법

프로젝트 성공률

개인의 경험과 직관으로

20~25%

프로젝트를 성공시키는 방법으로

97~100%

출처 : 프로젝트 성공 2597

우리가 프로젝트 하는 것을 보면, 프로젝트 성공은 도외시하고, 마치 프로젝트 실패를 바라는 것처럼 최고경영자부터 실무 담당자까지 행동한다. 성공하는 길이 있는데, 그 길을 불편하다는 이유, 해보지 않았다는 단순한 이유로 기피하고, 개인의 능력과 경험에 의존하는 경향이 많다.

우리가 당면하고 있는 프로젝트 현황은 다른 어떤 나라보다 심각하다. 그 이유로 우리만이 갖고 있는 관행과 문화를 지적할 수 있는데, 겉으로 드러내거나 표현하기 싫어하고, 아무도 모르게 조용히 처리하는 것이 미덕이라는 우리의 고정관념과 함께 CEO의 무관심, 프로젝트 전문 행정인력 부족과 질적인 문제, 프로젝트 초기의 요구사항 불명확, 프로젝트 중반 이후 집중된 엄청난 변경 요구 등, 복합적인 요인이 우리 프로젝트 환경을 다른 나라보다 어렵게 하고 있다.

특히 최고경영자의 인식 부족과 우리의 행동 문화가 프로젝트 성공을 가로막는 주요 원인이 된다. 심지어 다수의 CEO에게 프로젝트관리를 교육하면서 "프로젝트를 정확하게 관리만 한다면 상당한 비용과 일정을 절감할 수 있다"고 여러 예를 들어 설명해도 믿으려 하지 않는다. 프로젝트관리를 통해 60%의 비용을 절감할 수 있는데 그 방법을 외면하고, 비용 절감을 위해 전문 경험 및 능력이 있는 사람보다 급여가 낮은 초보자를 선호하고 추가적인 자원 투입에 인색하다. 이럴 경우 프로젝트관리자는 결과물의 품질, 경력 있고, 능력 있는 전문가를 원하는 고객과의 마찰, 초보자의 경험 부족으로 수많은 이슈와 문제가 발생되어 원활하고, 안정적으로 프로젝트를 수행하지 못한다.

또, 우리 관행과 문화는 무엇을 하든 "요란하지 않고 조용하게 하는 것"을 "일을 잘 한다"고 보는 것이다. 그래서 그런지 우리는 프로젝트 수행 중에도 모든 것을 드러내어 일하기 싫어한다. 앞서 요구사항과 중반 이후 문제가 발생되는 사례를 말했듯이 프로젝트 수행과 관련된 모든 문제는 프로젝트 종료 전에 반드시 발생하기 마련이다. 특히 검수, 인수라는 단계를 통해 모든 요구사항에 대한 확인이 이루어질 때, 대부분 모두 표출된다. 프로젝트 추진 중에 발생되는 문제는 숨기지 말고 빨리 가시화시켜야 조속히 해결할 수 있다.

우리는 프로젝트 추진 시 프로젝트관리를 아주 형식적으로 한다. 저자가 방문한 많은 기업들은 프로젝트관리를 품질 관련 부서나 연구소의 지원 부서에서 다른 업무와 같이 병행 진행하는 것을 볼 수 있다. 외형적으로는 조직도 있고, 절차도 있는 것 같지만 실제는 형식적인 일정관리나, 의미 없는 진척관리를 수행하고 있을 뿐이다.

○ 우리는 프로젝트관리를 잘하고 있으며, 또 잘 알고 있다고 생각한다.

우리나라의 경우 많은 사람이 프로젝트관리를 잘하고, 또 그 지식을 잘 안다고 생각하겠지만 자세히 살펴보면 프로젝트를 추진하는 그들의 행동은 마치 실패를 향해 달려가는 고속기관차 같다. 실제 PMBOK, ISO21500, Prince2, ICB 등 여러 방법을 손쉽게 접근할 수 있는데도 불구하고, 그들은 자기만의 경험과 직관으로 프로젝트를 관리하고 있는 것이다. 심지어 어떤 특정한 문제를 본인의 지식에 의해 해결했다고 해서, 아니면 그 지식을 대학교 때 수업시간에 배웠다고 해서 필요한 것을 모두 알고 있다고 착각한다.

뿐만 아니라 일정관리의 PERT-CPM 차트나 간트 차트만 사용하거나 프로젝트관리 패키지에 일정관리 차트만 사용하면서 그게 프로젝트관리의 전부라고 생각하는 사람도 있다. 이 경우 프로젝트관리 10개 영역 중에서 1개 영역만 관리하고 마치 프로젝트를 관리한다고 착각하는 것이다.

그리고 프로젝트 추진에 문제가 있을 경우, 프로젝트관리의 지식과 절차에 의해서가 아니라 참여한 개인의 능력으로 해결하려고 한다. PMP(미국 프로젝트관리 기술사) 자격증을 가지고 있다고 해서 프로젝트관리 전문가가 아니듯이 프로젝트관리 지식보다는 그 지식을 업무에 실질적으로 적용할 수 있는 역량 또한 필요하다. 단편적인 지식만으로 현장의 문제를 제대로 해결할 수 없다는 것이다.

프로젝트란 한 기업/기관이 특정 또는 전략적 목적을 달성하기 위한 수단으로 목적과 목표에 부합된 결과물이 나오도록 하는 총체적 활동이고, 프로젝트관리란 프로젝트를 성공시키기 위해 필요한 다양한 활동의 집합으로 간단하게 정의할 수 있다.

최근에는 "프로젝트 경영"이라는 말이 자주 등장하는데 프로젝트 경영이란 기업이 추진하는 프로젝트가 과연 회사 경영에 도움이 되는지 여부를 판단 및 평가한 다음, 프로젝트 실행 여부를 결정하는 총체적 활동이다. 요즘 많은 이야기가 나오는 PMO(Project Management Office)는 프로젝트 경영 중 하나로 프로젝트를 통해 기업/기관이 원하는 결과를 얻기 위하여 프로젝트관리 또는 프로젝트 경영을 포함하여 다양하게 노력하는 조직 또는 주체로 정의할 수 있다.

PM Solution사는 지난 10여 년 간 PMO관련 연구를 지속적으로 수행하고 있다. 본 자료는 2016년 조사한 결과를 중심으로 작성하였다.

## 1.2.1 전체적인 결론

### ■ PMO의 인식

- PMO는 초기에 조직 구성원으로 안착하지 못하고, 많은 시행착오를 거쳤으나,
- 최근, 기존 조직 구성원으로 안착하고, 그 위치 또한 사업관리 영역을 넘어 경영자 레벨인 전략적 파트너로 위치가 전환되고 있고,
- 역할 또한 사업관리 영역을 포함하여 전략계획, 거버넌스 및 포트폴리오 관리 분야까지 확산되고 있다.

### ■ PMO의 보유 현황

- 글로벌 환경에서 85% 이상 기업이 PMO를 보유하고 있고, PMO를 갖지 못한 기업도 조만간 PMO를 구현할 계획을 갖고 있다.
- 이는 2014년 설문조사보다 5% 증가한 것이고, 서비스 산업 분야의 도입률이 70%로 다른 산업 분야보다 PMO 보유율이 낮으며,
- 제조업체의 경우, PMO 도입비율이 2014년 78%에서 2016년 93%로 크게 증가했다.

### ■ PMO의 도입 년 수

- 기업의 PMO 도입 년 수는 평균 5년(2014년 4년 이상)으로 PMO 조직의 56%는 5년 이상 (2014년 47%)이고, PMO의 24%는 2년 이하이다.

■ PMO의 도입 년 수와 성과와의 관계

- 우수한 성과를 내는 PMO(고성과 PMO)는 도입 년 수가 평균 6년이고, 낮은 성과를 내는 PMO(저성과 PMO)는 도입 년 수가 평균 3년이다.

■ PMO의 주요기능

- PMO의 주요기능은 최고 경영자에게 추진 현황 보고, 프로젝트관리 및 전략 실행 기능에 중점을 두고 있으며,
- 거버넌스 구현, 프로세스 설계, PM 표준 및 정책 등 전략적 목표, 포트폴리오 추적, 코칭 및 멘토링을 수행하고 있다.

■ PMO Staff의 경력

- PMO Staff는 평균 10년 이상 경험을 가졌고, 45%가 PMP 자격증을 보유하고 있다.

■ PMO가 수행하는 프로젝트의 수와 예산

- 프로젝트 당 예산은 2014년 43만 불(USD)이었으나, 2016년은 36만 불로 증가하였고, 조직이 일하는 프로젝트 수는 2014년 평균 60개에서 75로 증가했다.
- 기업 내 PMO가 수행하는 평균 프로젝트 수는 대기업일 경우 평균 100개, 중견기업은 평균 50개, 중소기업은 평균 45개를 관리하는데, 2014년 자료와 비교할 때 프로젝트 수는 계속 증가 추세를 보이고 있다. 프로젝트 당 평균 예산도 대기업과 중견기업일 경우 평균 50만 불, 중소기업은 평균 10.4만 불이다.

■ PMO 평균 예산

- 연간 평균 PMO 예산은 전체 프로젝트 예산의 5%인 50만 불로 2014년보다 0.6% 증가하였다.

■ PMO에 보고하는 프로젝트관리자의 비율

- 2016년 조사한 기업 중에서 29% 기업이 모든 프로젝트를 프로젝트관리자가 PMO에 보고하는 반면, 25% 기업은 PMO에게 전혀 보고하지 않는다. (참고로 2014년에는 26% 기업이 PMO에 프로젝트를 보고하였음.)
- 대부분 PMO(79%)는 사내 강사를 통해 강의실 기반 현장 교육을 제공하지만 중요한 강의(51%)는 외부 강사에게 의존한다.
- 고성과 PMO는 저성과 PMO보다 외부 교육 업체를 사용하는 경향이 있다.

■ PMO의 교육 프로그램

- PMO 절반 이상(60%)이 프로젝트관리 교육 프로그램을 시행하고 있다. (2014년 대비 11% 증가)
- 고성과 PMO는 저성과 PMO보다 교육 프로그램을 제공할 가능성이 훨씬 크다.(85% 대 38%)
- 연간 교육 일수(5일)는 2014년과 동일하지만 고성과 PMO는 8일, 저성과 PMO는 3일간 교육을 한다.

■ PMO 교육 프로그램

- 금융기관 PMO는 다른 업계 PMO보다 PM 인증서나 학위를 취득할 수 있는 교육을 제공한다.
- 의료기관 PMO는 다른 산업 분야의 온라인 교육을 제공할 가능성이 적다.

## 1.2.2 PMO 조직의 성과 관련 연구

성과 조사는 1부터 5까지 척도("잘하지 않음" 부터 "잘하고 있음" 까지 5척도)를 기반으로 8개 분야 (Strategy Execution, Stakeholder Satisfaction, Financial Success, Schedule/Budget Performance, Customer Satisfaction, Resource Allocation, Strategic Alignment, Project Prioritization)에 대해 조사하였다. 평가를 통해 상위

25%는 High Performers로 규정(고성과 PMO)하고, 하위 25%는 Low Performers (최저 점수 25%에서 점수를 받는 점수)로 규정(저성과 PMO)하여 평가 결과를 분석하였다. 이 두 그룹(고성과 PMO vs. 저성과 PMO)의 기능, 결과 및 문제점을 비교하면서 PMO 기능 및 기능의 조직적 가치를 분석한 결과에 대해 아래와 같이 요약하였다.

- PMO 기업 평균 가치 수준은 2.1로 2014년에서 2016년까지 동일하게 유지되었다.
- 고성과 PMO는 저성과 PMO보다 PMO 기능이 높았다(2.8 vs 1.2).
- 제조 산업 분야 PMO는 다른 산업 PMO보다 낮았다(1.6).
- 외부 PMO는 내부 PMO보다 훨씬 높다(2.6 vs 2.0). 이는 외부 PMO의 경우 Level 4 / Level 5 PMO 수가 더 많기 때문이다(18% vs 4%). (Level 1: Basic, Level 2: Established, Level 3: Institutionalized, Level 4: Strategic, Level 5: Best in Class)
- 2016년 조사한 PMO가 기여한 가치와 결과는 2014년 조사한 가치와 결과보다 높았다.
- 모든 성과 측정에서 고성과 PMO는 저성과 PMO에 비해 기업의 전략적 목표와 부합하여 추진하였음을 보여주었다(65% vs 19%).

PMO level 별 성과지표는 다음과 같다.

[그림 1-4] PMO 레벨별 성과

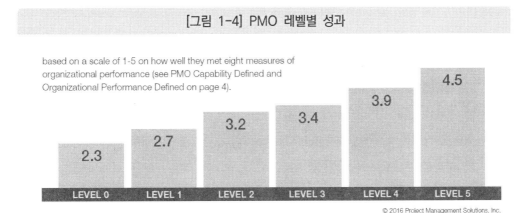

based on a scale of 1-5 on how well they met eight measures of organizational performance (see PMO Capability Defined and Organizational Performance Defined on page 4).

© 2016 Project Management Solutions, Inc.

## 1.2.3 PMO 크기, 범위, 복잡성

일반적으로 PMO 기능이 커지면 더 많은 프로젝트가 수행되고, 프로젝트당 예산이 많이 필요하다. 고성과 PMO는 연간 관리하는 프로젝트가 평균 85개이고, 저성과 PMO는 평균 50개였으며, 프로젝트 당 평균 예산도 고성과 PMO가 40만 불이고, 저성과 PMO는 50만 불로 고성과 PMO가 낮다. PMO 도입 후 프로젝트 실패율의 감소도 고성과 PMO가 저성과 PMO보다 높았다(28% vs 17%).

- 프로젝트 당 예산은 2014년 43만 불에서 2016년 36만 불로, 관리하는 프로젝트 수는 2014년 60개에서 2016년 75개로 증가했다.
- IT 회사 PMO는 다른 산업 분야 PMO보다 가성비가 낮다(예산, 관리 프로젝트 수)
- 외부 PMO가 관리하는 연간 프로젝트 수는 50개로 내부 PMO(75개)보다 적지만 프로젝트 당 평균 예산은 더 높다(37.5만 불 vs. 36만 불).

## 1.2.4 성숙한 PMO

기업에서 PMO에 보고하는 프로젝트관리자(PM)의 비율은 2012년 42%, 2014년 49%, 2016년 52%로 증가하였다. 일반적으로 PMO에 보고하는 PM의 비율은 PMO 능력에 따라 증가하는 경향을 보여주고 있다. 더 중요한 것은 고성과 PMO는 저성과 PMO보다 프로젝트관리자가 더 많이 보고한다(68% vs 53%).

- 2016년 조사에서 29% 기업의 PM이 모든 프로젝트를 PMO에 보고하는 반면, 25% 기업은 PMO에게 프로젝트를 전혀 보고하지 않는다(2014년에는 26% 기업이 PMO에 프로젝트를 보고하였음.).
- 소규모 기업은 대규모(30%) 또는 중간규모(70%) 기업보다 PMO(90%)에게 프로젝트 결과를 보고할 가능성이 높았다.
- 2016년 조사에서 외부 PMO는 내부 PMO보다 프로젝트 보고할 가능성이 높았다 (69%는 46%).

## 1.3 공공부문 정보화 사업의 PMO 도입

공공부문 정보화사업의 경우 점차 복잡해지고 규모가 커짐에 따라 성공적인 수행을 위해 PMO 도입이 활성화되고 있다. 특히 공공성을 고려하면 일정, 예산, 품질목표 달성이 PMO 도입 비용 대비 크다고 볼 수 있다. PMO 도입이 공공부문 정보화사업에 미치는 주요 시사점은 다음과 같다.

○ PMO 도입 필요성 증대
- 정보화 프로젝트가 점차 복잡해지고 규모가 커짐에 따라 효과적이고 체계적인 프로젝트관리가 프로젝트 성공 핵심요소로 부각되고 있다.
- PMO는 잠재적인 프로젝트 위험을 조기에 식별하고, 효과적인 자원 배분을 가능하게 하며, 조직 목적 및 정보화 전략계획과 연계하여 조직 내에서 수행하는 모든 프로젝트를 사업 부문 간 관련성 및 영향을 고려하여 전사 관점에서 검토함으로써 자원의 효율성 및 효과성을 극대화할 수 있다.
- 공공부문 정보화사업 역시 과거에 비하여 그 규모나 복잡성이 더욱 심해지고 있으며, 공공 정보화사업 특성상 어플리케이션 사용자가 국민이라는 프로젝트 공공성을 고려하면 일정, 예산, 품질 목표 달성이 여 타 프로젝트에 비해 중요하다. 이에 공공 정보화 사업에 PMO 도입 필요성이 제기되고 있다.

PMO를 설치하고 운영하는 것은 쉽지 않다. PMO는 프로젝트 성공의 저해 요인을 파악하고, 그에 대한 대응 방안을 마련해야 한다. 다음은 PMO가 해결해야 할 저해 요인에 대해서 설명한 것이다.

○ PMO가 불필요하다는 견해

1960년대 제조업에서 소수 사람들이 품질경영을 해야 효과적이라고 생각했다. 대부분 사람들은 품질관리 프로세스를 적용하기에는 너무 많은 비용이 소요된다고 판단했다. 품질관리 선구자인 Philip Crosby는 "품질은 무료다(Quality is free)."라고 했는데 이 말은 재작업을 줄이고, 고객만족을 높이면, 품질관리에 드는 비용이 줄어든다는 의미이다.

PMO 필요성을 주장하는 사람들도 유사한 문제에 직면해 있다. 관리부서는 PMO 필요성을 인식하지 못하고 있다. PMO가 불필요한 비용만을 초래하고, 그에 상응하는 가치가 없다고 보는 것이다. 실제로 관리부서는 예산에 대한 권한을 갖고 있기 때문에, PMO를 설치하기 위해서는 이들의 동의가 필수적이다. 따라서 그들에게 프로젝트 성공을 위해 PMO 도입이 비용을 오히려 절감시킬 수 있다는 확신을 가질 수 있도록 설득해야 한다.

○ PMO 설치로 업무가 더 어려워질 것이라는 프로젝트 수행자들의 의심

프로젝트 수행자들은 회사에서 실시하는 새로운 제도에 대해 의심스러워한다. 새로운 제도가 현장 작업을 더 용이하게 해 줄 거라는 효과에 대해서도 의심한다. 그들이 의심하는 것은 당연하다. 과거 경험에서 볼 때, 회사의 새로운 제도는 언제나 그들의 업무를 힘들게 만들었기 때문이다. 프로젝트 수행자는 1980년대 PO(Project Office) 도입 시 매우 부정적이었다. 새로운 제도가 프로젝트 수행자에게 과도한 문서작업을 요구했기 때문이다. 프로젝트를 위한 일정계획 수립, 상황 보고서 제출, 시간-추적(Time-tracking) 시스템 활용 등을 무리하게 요구했다. 프로젝트 수행자는 새로운 제도를 강력히 거부했고, PO는 조직에

서 사라졌다.

오늘날 PMO를 설치하기 위해서는 프로젝트 수행자가 의심하는 것을 극복해야 한다. PMO가 프로젝트 수행자 업무를 가중시키지 않을 것임을 이해시켜야 한다. 과거 PO에서 했듯이, 문서작업을 가중시키는 것이 아니라, 프로젝트 성공을 위해 필요한 최소 작업이라고 인식시켜야 한다. 그래서 프로젝트 수행자가 PMO의 긍정적인 면을 바라보고, 도움을 얻는다면 새로운 제도를 찬성할 것이다.


○ PMO 설치로 다른 부서 고유 영역이 침해받을 것이라는 우려

PMO가 재무부서에 설치된다면, 타 부서 PM은 한 가지 의심을 품게 된다. 즉, 재무부서가 회사 전체 프로젝트관리에 대한 권한을 갖는 것이 아닌지 우려하는 것이다. 어느 회사에서나 부서 간 관할권 문제가 나타난다. 따라서 PMO 설치를 주장할 때, 이 문제에 신중하게 대처해야 한다. 이러한 문제를 해결하기 위해서 중앙 PMO를 어느 한 부서에 두고, 부속 지원실을 다른 부서에 분산해서 두는 방식이 있다. 중앙-부속 지원실의 구조는 권력을 함께 공유하면 협력관계를 유지할 수 있다. 따라서 관할권 문제도 완화시킬 수 있다.

제 **2** 장
PM Fundamental

프로젝트관리에 대해서 많은 기관(ISO, PMI, IPMA 등)이 여러 가지 형태로 정의하고 있지만, 프로젝트관리의 궁극적인 목적은 추진하는 프로젝트를 성공시키는 것이고, 프로젝트관리 절차는 이를 달성할 수 있도록 다양한 지식, 기술, 도구, 프로세스, 절차를 이용하는 체계적인 활동이라고 할 수 있다. 본 절에서 PMO 운영에 필요한 프로젝트관리 정의, 관련 지식 등을 간단히 살펴보고자 한다.

### 2.1.1 프로젝트관리 개념

프로젝트 추진에서 프로젝트관리 역할은 자동차 내비게이션과 같은 기능이라고 말할 수 있다. 내비게이션은 우리가 갈 목적지까지 상세한 경로를 보여주고, 도로 상황 변화나 실수로 경로를 이탈했을 때 새로운 경로를 제시해 준다. 더 중요한 것은 목적지에 언제 도착할지 또 얼마를 더 가야 할지 예측하는 기능을 우리에게 제공한다. 따라서 프로젝트관리는 프로젝트 목적을 달성할 수 있도록 일과 활동에 대한 구체적인 로드맵을 보여주고, 프로젝트가 잘못 진행될 때에는 기존 계획의 변경과 함께 새로운 계획을 제시하고, 프로젝트가 언제 끝날 수 있는지 예측할 수 있게 하는 것이다.

프로젝트관리를 실무적으로 설명하면, 프로젝트 착수 후 고객 요구사항(Requirements)을 이행하기 위해 수행 조직은 요구사항을 달성 가능한 작업단위(Work)로 세분화하여 달성 가능 여부를 구체화하여 약속한 비용으로 납기 내 달성할 수 있는 구체적인 계획을 수립한다. 이후 실행을 통해 원하는 결과물이 나오도록 지속적으로 지원 및 감독하고, 그렇지 않을 경우 변경 통제 프로세스를 거쳐 변경/수정하며, 요구사항을 모두 이행하면 종료 절차를 거쳐 프로젝트를 종료하는 것이다.

[그림 2-1] 프로젝트관리 개념

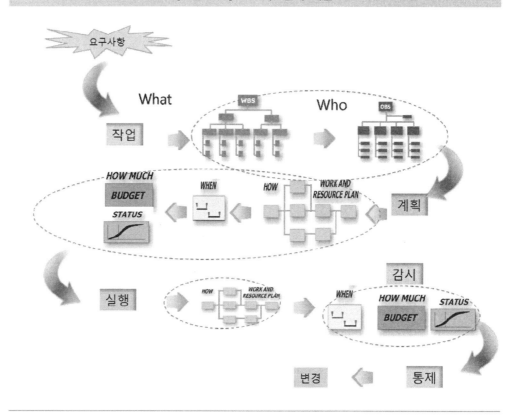

좀 더 상세하게 설명하면, 프로젝트는 많은 이해관계자로부터 요구사항이 나오는데, 도출된 요구사항을 수집하여 정리한 것을 수행할 수 있는 작업(Work) 단위로 세분화하여 WBS(Work Breakdown Structure)를 사용하여 체계화 한다. 다음으로 그 작업을 누가, 언제, 얼마에 어떤 자원을 투입하여 수행할 것인지 구체적인 계획을 수립한다. 이때 수립된 계획은 실행 가능해야 한다. 약속한 납기와 비용을 달성할 수 있는 구체적인 수준이어야 한다. 계획이 완료되면 다음 과정은 계획대로 실행하고, 계획과 실행의 차이가 있으면 그 원인을 철저히 분석하여, 필요하다면 변경통제 절차에 따라 변경을 시도해야 한다.

통상적으로 프로젝트관리는 프로젝트를 성공시키기 위하여 전 수명주기를 5개 프로세스 그룹(착수, 계획, 실행, 통제, 종료)으로 구분하고, 정확한 문제 해결을 위해 10개 관리 영역(통합, 범위, 일정, 원가, 품질, 자원, 위기, 의사소통, 이해관계자, 조달)으로 나누어 구분한다.

## 2.1.2 프로젝트관리 방법론 정의

미국 PMI가 최근 PMBOK 6판에서 정의한 프로젝트관리는 "프로젝트와 관련된 이해관계자의 요구와 기대치를 만족하거나 그 이상 달성하기 위하여 관련 지식, 기술, 도구 등을 동원하는 노력"이라 했고, ISO21500은 "프로젝트는 프로젝트의 목표 달성을 위하여 수행되는 유일한 프로세스 집합으로 구성되고, 프로세스는 시작일과 종료일이 정해져 그 수명주기에 걸쳐 원하는 결과물이 얻어질 때까지 조정되고, 통제되는 활동으로 이루어진다"라고 정의했다. PRINCE2는 ISO, PMI의 정의와는 달리 프로젝트관리를 위해 일반화되고, 표준화된 방법론을 적용하는 조직으로 언급하고 있다. 아래 표는 각 기관이 프로젝트관리를 정의한 것이다.

[표 2-1] 프로젝트관리 일반 정의

| ISO21500 | PMBOK(6th Edition) | PRINCE2 |
|---|---|---|
| Project management is the application of methods, tools, techniques and competences to a project. Project management includes the integration of the various phases of the project life cycle. Project management is accomplished through processes. | Project management is the application of knowledge, skills, tools, and techniques to project activities to meet the project requirements. | PRINCE2 provides organizations with a standard approach to the management of projects. The method embodies proven and established best practice. It is generic, non-proprietary and widely recognized. As well as helping the managers and directors of a project, PRINCE2 also offers benefits to the organization as a whole. |

ISO21500, PMBOK은 프로젝트관리를 5개의 프로세스 그룹과 10개의 관리영역으로 구분하여 관리하고, PRINCE2는 각 7개의 원칙, 테마, 프로세스로 구분한다.

[표 2-2] 프로젝트관리 방법론 비교

| ISO21500 | PMBOK(6th Edition) | PRINCE2 |
|---|---|---|
| - 5 Process Groups(PG)<br>- 10 Subject Groups(SG)<br>- 39 Project Management Processes | - 5 Project Management Process Groups<br>- 10 Knowledge Areas(KA)<br>- 49 Project Management Processes | - 7 Principles<br>- 7 Themes<br>- 7 Processes |

### 2.1.2.1 프로젝트관리 프로세스 그룹

프로세스 그룹의 경우 ISO21500과 PMBOK은 착수, 계획, 실행, 통제, 종료의 5단계로 구분하여 관리하고, PRINCE2의 경우 7개의 원칙 중심으로 관리한다. 실행과 통제는 기관 별로 각각 다른 명칭으로 사용되고 있다.

[표 2-3] 프로젝트관리 프로세스 비교

| ISO21500 | PMBOK(6th Edition) | PRINCE2 |
|---|---|---|
| – 5 Process Groups(PG) | – 5 Project Management Process Groups | – 7 Principles |
| Initiating<br>Planning<br>Implementing<br>Controlling<br>Closing | Initiating<br>Planning<br>Executing<br>Monitoring & Controlling<br>Closing | Business justification<br>Learn from experience<br>Roles and Responsibilities<br>Manage by Stages<br>Manage by exception<br>Focus on products<br>Tailor to suit the environment |

ISO21500과 PMBOK은 관리 영역을 서브젝트 그룹(SG)과 지식영역(KA)으로 다르게 명명하고 있지만 그 구성요소는 아래와 같이 관리영역을 통합(Integration), 이해관계자 (Stakeholder), 범위(Scope), 자원(Resources), 일정(Time), 비용(Cost), 위기(Risk), 품 질(Quality), 구매 및 조달(Procurement), 의사소통(Communication)으로 동일하게 명 명하여 사용하고 있고, PRINCE2는 7 테마 중심으로 설명하고 있다.

[표 2-4] 프로젝트관리 영역 비교

| ISO21500 | PMBOK(6th Edition) | PRINCE2 |
|---|---|---|
| – 10 Subject Groups(SG) | – 10 Knowledge Areas(KA) | – 7 Themes |
| Integration,<br>stakeholder,<br>scope,<br>resources,<br>time,<br>cost,<br>risk,<br>quality,<br>procurement<br>communication, | Integration,<br>scope,<br>time,<br>cost,<br>quality,<br>human resources,<br>risk,<br>communication,<br>procurement,<br>stakeholder. | Business Case<br>Organization<br>Quality<br>Risk<br>Planning<br>Change<br>Progress |

## 2.1.2.2 프로젝트관리 프로세스

ISO21500은 39개의 프로세스가 프로젝트관리를 위해 표준화되었고, PMBOK 6판은 49개의 프로세스로 구성되어 있다. 전체적으로 보면 ISO21500의 프로세스를 기본으로 8개의 프로세스가 추가된 것으로 보이나 실제 분석해보면 ISO21500과 PMBOK의 내용이 다르다는 것([표 2-4] 참조)을 잘 알 수 있다. PMBOK은 통합관리를 제외한 모든 영역에 계획서 작성을 프로세스에 추가하고 있고, 내용에 있어서 자원, 이해관계자, 범위, 일정, 위기관리 프로세스에서 ISO21500과 많은 차이를 보여주고 있다. 자세히 살펴보면 사용하는 단어나 프로세스의 수도 거의 같은 것이 없을 정도로 ISO21500과 PMBOK 방법론의 차이는 우리가 생각하는 것보다 크다고 할 수 있다.

[표 2-5] 프로젝트관리 프로세스 비교

| 관리 영역 | ISO21500 | PMBOK 6th |
|---|---|---|
| Integration | 4.3.2 Develop Project Charter<br>4.3.3 Develop Projects Plans<br>4.3.4 Direct Project Work<br>4.3.5 Control Project Work<br>4.3.6 Control Changes<br>4.3.7 Close Project Phase or Project<br>4.3.8 Collect Lessons Learned | 4.1. Develop Project Charter<br>4.2. Develop Project Management Plan<br>4.3. Direct and Manage Project Execution<br>4.4. Manage Project Knowledge<br>4.5. Monitor and Control Project Work<br>4.6. Perform Integrated Change Control<br>4.7. Close Project or Phase |
| Stakeholders | 4.3.9 Identify Stakeholders<br>4.3.10 Manage Stakeholders | 13.1 Identify Stakeholders<br>13.2. Plan Stakeholders Engagement<br>13.3. Manage Stakeholder Engagement<br>13.4. Monitor Stakeholder Engagement |
| Scope | 4.3.11 Define Scope<br>4.3.12 Create WBS<br>4.3.13 Define Activities<br>4.3.14 Control Scope | 5.1. Plan Scope Management<br>5.2. Collect Requirements<br>5.3. Define Scope<br>5.4. Create WBS<br>5.5. Validate Scope<br>5.6. Control Scope |
| Resource | 4.3.15 Establish Project Team<br>4.3.16 Estimate Resources<br>4.3.17 Define Project Organization<br>4.3.18 Develop Project Team<br>4.3.19 Control Resources<br>4.3.20 Manage Project Team | 9.1. Plan Resource Management<br>9.2. Estimate Activity Resources<br>9.3. Acquire Project Team<br>9.4. Develop Project Team<br>9.5. Manage Team<br>9.6. Control Resources |
| Time | 4.3.21 Sequence Activities<br>4.3.22 Estimate Activity Durations | 6.1. Plan Schedule Management<br>6.2. Define Activities |

| 관리 영역 | ISO21500 | PMBOK 6th |
|---|---|---|
| | 4.3.23 Develop Schedule<br>4.3.24 Control Schedulea | 6.3. Sequence Activities<br>6.4. Estimate Activity Durations<br>6.5. Develop Schedule<br>6.6. Control Schedule |
| Cost | 4.3.25 Estimate Costs<br>4.3.26 Develop Budget<br>4.3.27 Control Costs | 7.1. Plan Cost Management<br>7.2. Estimate Costs<br>7.3. Determine Budget<br>7.4 Control Costs |
| Risk | 4.3.28 Identify Risks<br>4.3.29 Assess Risks<br>4.3.30 Treat Risks<br>4.3.31 Control Risks | 11.1. Plan Risk Management<br>11.2. Identify Risks<br>11.3. Perform Qualitative Risk Analysis<br>11.4. Perform Quantitative Risk Analysis<br>11.5. Plan Risk Responses<br>11.6. Implement Risk Responses<br>11.7. Monitor Risks |
| Quality | 4.3.35 Plan Quality<br>4.3.36 Perform Quality Assurance<br>4.3.34 Perform Quality Control | 8.1. Plan Quality Management<br>8.2. Manage Quality Assurance<br>8.3. Control Quality |
| Procurement | 4.3.35 Plan Procurements<br>4.3.36 Select Suppliers<br>4.3.37 Administer Contacts | 12.1. Plan Procurement Management<br>12.2. Conduct Procurement<br>12.3. Control Procurements |
| Communicatio n | 4.3.38 Plan Communications<br>4.3.39 Distribute Information<br>4.3.40 Manage Communication | 10.1. Plan Communications Management<br>10.2. Manage Communications<br>10.3. Monitor Communication |

### 2.1.2.3 프로젝트관리 주요 산출물

　ISO21500은 39개의 프로세스에 50여 개의 산출물을 생성하고, PMBOK (6판)은 49개의 프로세스를 통해 약 70여 개의 산출물을 생성하고 있다. 특히 계획 프로세스 그룹에서 ISO21500의 경우 22개 산출물을 생성하는데 비해 PMBOK(6판)은 40여개 산출물을 생성하고 있다. ISO21500의 경우 전체 산출물의 약 40%를 계획 프로세스에서 생성하고, PMBOK은 거의 60%를 생성하고 있다. 두 방법론 모두 5개 프로세스 그룹 중 계획 프로세스 그룹에 가장 많은 산출물을 생성하고 있는데, 이는 프로젝트 성공을 위해 정확한 계획 수립과 그 계획을 이행하는 절차가 중요하다는 것을 시사하고 있다.

　두 방법론의 산출물도 상세히 분석하면 아래 표와 같이 수적인 면과 내용적인 면에서 많은 차이가 있다.

[표 2-6] 프로젝트관리 산출물 비교

| 관리 영역 | ISO21500 | PMBOK 6th |
|---|---|---|
| Initiating | Project Charter<br>Stakeholder register<br>Staff assignments<br>Staff contracts | Project charter |
| Planning | Project plan<br>Project management plan<br>Scope statement<br>Requirements<br>WBS, WBS dictionary<br>Activity list<br>Resource requirements<br>Resource plan<br>Role descriptions<br>Project organization chart<br>Activity sequence<br>Activity duration estimates<br>Schedule<br>Cost estimates<br>Budget<br>Risk register<br>Prioritized risks<br>Quality plan<br>Procurement plan<br>Preferred suppliers list<br>Make or buy decision list<br>Communication plan | Project management plan<br>Scope management plan<br>Require management plan<br>Requirement documentation<br>Requirement traceability matrix<br>Project scope statement<br>(project document updates)<br>Scope baseline<br>Schedule management plan<br>Activity list<br>Activity attributes<br>Milestone lists<br>Project schedule network diagram<br>Activity resource requirements<br>Resource breakdown structure<br>Activity duration estimates<br>Schedule baseline<br>Project schedule<br>Schedule data<br>Project calendars<br>Cost management plan<br>Activity cost estimates<br>Basis of estimates<br>Cost baseline<br>Project funding requirements<br>Quality management plan<br>Process improvement plan<br>Quality metrics<br>Quality checklists<br>Human resource management plan<br>Communications management plan<br>Risk management plan<br>Risk register<br>Project documents updates<br>Procurement management plan<br>Procurement statement of work<br>Procurement documents<br>Source selection criteria<br>Make-or-buy decisions<br>Stakeholder register<br>Stakeholder management plan |

| 관리 영역 | ISO21500 | PMBOK 6th |
|---|---|---|
| Implementing | Progress data<br>Issues log<br>Lessons learned<br>Team performance<br>Team appraisals<br>Risk responses<br>Change requests(risk, quality)<br>Request for info, prop, bid, offer and quo.<br>Contracts or purchase orders<br>Selected suppliers list<br>Distributed information | Deliverables<br>Work performance data<br>Change requests<br>(Project management plan updates)<br>(Project document updates)<br>Project staff assignments<br>(Resource calendars)<br>Team performance assessments<br>(Enterprise environmental factors update)<br>(Organizational process assets update)<br>Project communications<br>Select sellers<br>Agreements |
| Controlling | Change requests(stakeholder, scope, resource, staff, time, cost, risk, quality, procurement,)<br>Progress reports<br>Project completion reports<br>Approved changes<br>Change register<br>Corrective actions<br>Staff performance<br>Staff appraisals<br>Actual costs<br>Forecast costs<br>Quality control measurements<br>Verified deliverables<br>Inspection reports<br>Accurate timely info. | Change requests<br>(Work performance information)<br>(Project management plan updates)<br>(Project document updates)<br>Approved change requests<br>Change log<br>Acceptance deliverables<br>Work performance information<br>(Organizational process assets updates)<br>Schedule forecast<br>Cost forecast<br>Quality control measurements<br>Validated changes<br>Validated deliverables |
| Closing | Completed procurements<br>Project or phase closure report<br>Released resources<br>Lessons learned document | Final product service, or result transition<br>(Organizational process assets updates)<br>Closed procurements |

프로젝트관리는 통합업무로 생명주기 내에서 관련 프로세스가 적절히 조정되고, 다른 프로세스들과 통합되도록 연결되어야 한다. 이와 같이 프로세스간 상호 작용은 프로젝트 요구사항과 목표 사이에서 상호 절충을 요구하기도 한다. 가령 규모가 크고 복잡한 프로젝트의 경우, 이해관계자 요구사항을 정의하고 충족시키기 위하여 여러 차례 반복 수행해야 하며, 그 결과물에 대해서도 합의해야 하는 프로세스가 있을 수 있다. 그 이유는 하나의 프로세스에서 실패하면 그 프로세스뿐만 아니라 연관된 다른 프로세스에도 영향을 미치기 때문이다. 예를 들어, 범위 변경은 거의 항상 프로젝트 납기와 원가에 영향을 주지만 프로젝트 팀의 사기나 제품의 품질에 영향을 주기도 하고 그렇지 않을 수도 있다. 성공적인 프로젝트 관리는 이와 같은 상호 작용을 적극적으로 조정 및 관리하여 스폰서, 고객, 그 밖에 이해관계자 요구사항을 충족시키는 것을 포함한다.

필수적인 프로세스 그룹과 그 그룹을 구성하는 프로세스들은 프로젝트를 진행하면서 적절한 프로젝트관리 지식과 기술, 도구를 적용하여야 한다. 또한 프로젝트관리 프로세스를 프로젝트에 적용하는 것은 반복적으로 일어나며, 프로젝트 전반에 걸쳐 많은 프로세스가 반복되고 수정된다. 프로젝트관리자와 프로젝트 팀은 원하는 프로젝트 목표가 달성될 수 있도록 프로세스 그룹에서 적절한 프로세스들을 결정하고, 수행 담당자를 결정하며, 프로세스 실행에 적용할 기준을 결정한다. ISO21500과 PMBOK은 프로젝트관리를 위한 프로세스 그룹을 아래와 같이 5개 그룹으로 구분하고 있다.

[표 2-7] 프로세스 그룹 내용

| 프로세스 그룹 | 내 용 |
|---|---|
| 착수 | 새로운 프로젝트를 정의하거나 기존 프로젝트에 새로운 단계를 추가할 때 수행을 위한 공식적인 승인절차 |
| 계획 | 프로젝트의 범위와 추진목적을 정의하고 이를 달성하기 위해 필요한 "작업"을 실현, 가능하도록 구체적으로 작성 |
| 실행 | 프로젝트의 요구사항을 달성하기 위해 프로젝트관리 계획서에 정의된 "작업"을 수행 |
| 통제 | 프로젝트의 진척과 성과 관련 프로세스를 검토, 조정, 추적하고 계획 변경 가능성을 확인하고 이를 이행(승인/거절) |
| 종료 | 공식적으로 프로젝트를 종료하기 위해 모든 활동을 정리 |

다섯 개 프로세스 그룹은 명확히 의존적인 관계를 보이며, 응용 분야나 산업 동향과는 무관하게 모든 프로젝트에서 동일한 순서로 수행된다. 개별 프로세스 그룹과 그 안의 프로세스들은 프로젝트가 완료되기까지 반복적으로 진행되는 경우가 많다. 프로세스 또한 한 프로세스 그룹 내에서 혹은 여러 프로세스 그룹 사이에서 상호 작용할 수 있다.

[그림 2-2] 프로세스 그룹과 상호성

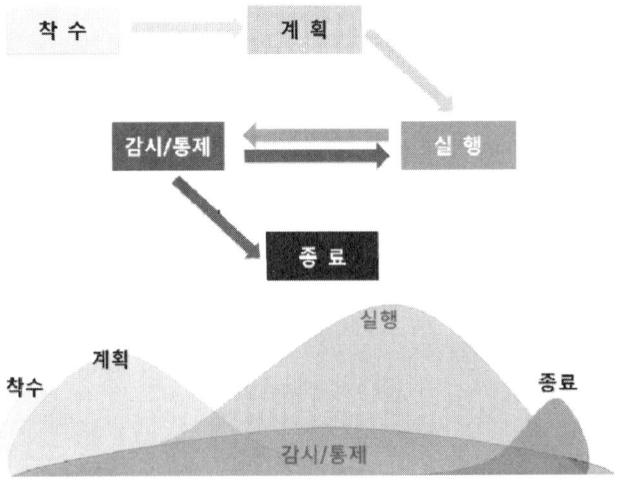

프로젝트관리 프로세스 그룹은 각 그룹에서 생성되는 산출물에 의해 서로 연결된다. 일반적으로 한 프로세스의 산출물이 다른 프로세스의 입력물이 되거나 그 프로젝트의 최종 산출물이 된다. 프로세스 그룹과 그 안에 구성된 프로세스들 사이에서 프로젝트 산출물이 서로 연결되고, 다른 프로세스 그룹에도 영향을 미친다.

예를 들어, 설계 단계를 종료하려면 고객이 설계 관련 문서를 인수해야 한다. 설계 문서에는 다음 단계로 실행 프로세스 그룹이 진행되도록 제품 설명을 정의한다. 한 프로젝트를 여러 단계로 나누는 경우, 일반적으로 프로젝트 수명주기 전반에 걸쳐 각 단계에서 프로세스 그룹들이 반복되면서 프로젝트가 추진된다.

## 2.2.1 착수 프로세스 그룹

착수 프로세스 그룹은 프로젝트나 프로젝트 단계를 시작하고, 착수 단계 산출물은 프로젝트 목적을 정의하고, 목표를 식별하며, 프로젝트관리자에게 프로젝트를 시작하도록 공식적으로 승인하는 단계이다. 프로젝트 목표에 대한 명확한 정의를 내리고, 관련 문서에는 프로젝트 범위, 산출물, 프로젝트 기간 및 자원 소요량 예상에 대한 기본적인 설명과 함께 프로젝트에 필요한 인원들을 포함, 프로젝트를 추진할 프로젝트관리자도 선임될 것이다. 사업수행과 관련된 가정과 제약사항도 문서로 작성된다. 이와 같은 정보는 프로젝트 차터에 수집되고, 승인되면 프로젝트가 공식적으로 인가된다.

착수 프로세스 그룹을 구성하는 프로세스는 다음과 같다.

[표 2-8] 착수 프로세스 그룹의 프로세스

| 프로세스 명 | 관리 영역 | 주요 산출물 | 비고 |
|---|---|---|---|
| 프로젝트 차터 작성 | 통합 관리 | 프로젝트 차터 | 공공에서는 착수계 |
| 이해관계자 확인 | 이해관계자 관리 | 이해관계자 등록대장 | |
| 프로젝트 조직 개념 정의 | 자원 관리 | 주요 팀원 배정 | ISO21500 |

실무를 위해 프로젝트 차터 작성과 이해관계자 확인은 반드시 착수단계에서 수행되어야 한다.

## 2.2.2 계획 프로세스 그룹

계획 프로세스 그룹은 이를 구성하는 프로세스를 활용하여 성공적인 프로젝트를 계획하고 관리하는 것으로 프로세스 그룹 중 제일 많은 프로세스와 산출물을 갖고 있다. 계획 프로세스 그룹은 프로젝트관리 계획서 작성을 최종 목적으로 한다. 계획 프로세스는 또한 프로젝트 범위, 프로젝트 원가 및 일정과 프로젝트 내에서 발생하는 프로젝트 활동을 식별, 정의하고 완성시킨다. 계획 프로세스 그룹은 요구사항 수집을 통해 범위를 결정하고, 이를 기초로 납기와 일정을 달성할 수 있는 기초계획을 수립하며, 위기, 품질, 의사소통, 인적사항, 조달을 포함한 구매 외주 계약 등 관련 내용에 대해 상세계획을 수립하여 실행이 가능한 프로젝트관리 계획서를 수립, 작성하는 것이다.

프로젝트를 계획할 때, 프로젝트와 그 결과물에 미치는 영향력 정도에 따라 적절한 모든 이해관계자를 참여시켜야 한다. 이해관계자는 프로젝트관리 계획과 관련한 상세계획을 작성하는데 필요한 기량과 지식을 갖추고 있기 때문에 계획 단계에서 관련된 모든 이해관계자를 충분히 활용해야 한다. 따라서 프로젝트 팀은 이해관계자가 적절히 기여할 수 있는 환경을 조성해야 한다. 피드백과 수정 보완 프로세스를 무한정 계속할 수 없기 때문에 조직에서 수립한 절차를 통해 계획을 확정하는 시점을 결정해야 한다.

계획 프로세스 그룹은 여러 프로세스에 걸쳐 프로젝트 계획이 원활하도록 지원한다. 계획 프로세스 그룹에는 다음과 같은 프로젝트관리 프로세스가 포함된다. PMBOK은 계획 프로세스 그룹에 통합관리를 제외한 9개 관리 영역에 계획과 관련된 절차와 내용을 규정하는 관리계획서 작성을 포함하고 있다.

## [표 2-9] 계획 프로세스 그룹의 프로세스

| 프로세스명 | 관리 영역 | 주요 산출물 | 비고 |
|---|---|---|---|
| 프로젝트 계획 작성 | 통합관리 | 프로젝트계획서,<br>프로젝트관리 계획서 | |
| 범위관리 계획 | 범위관리 | 범위관리 계획서 | PMBOK |
| 요구사항수집 | 범위관리 | 요구사항수집서 | PMBOK |
| 범위정의 | 범위관리 | 범위기술서 | |
| 작업분류체계 작성 | 범위관리 | WBS,<br>WBS Dictionary | |
| 일정관리 계획 | 일정관리 | 일정관리 계획서 | PMBOK |
| 활동정의 | 일정관리 | 활동목록표 | ISO21500은 범위관리에서 관리 |
| 활동순서 | 일정관리 | 프로젝트 공정표 | |
| 활동기간 추정 | 일정관리 | 프로젝트 일정견적서 | |
| 일정계획작성 | 일정관리 | 프로젝트 상세 일정표 | |
| 원가관리 계획 | 원가관리 | 원가관리계획서 | PMBOK |
| 원가산정 | 원가관리 | 활동 원가산정표 | |
| 예산편성 | 원가관리 | 예산 편성표,<br>S-Curve | |
| 자원관리계획 | 자원관리 | 자원관리계획서 | PMBOK |
| 활동자원산정 | 자원관리 | 자원소요 산정표 | |
| 위기관리계획 | 위기관리 | 위기관리계획서 | PMBOK |
| 위기식별 | 위기관리 | 위기등록 | |
| 위기평가 | 위기관리 | 위기등록 | PMBOK은 정성/정량 평가로 구분 |
| 품질계획 | 품질관리 | 품질관리계획서 | |
| 조달계획 | 조달관리 | 조달/구매관리 계획서 | |
| 의사소통계획 | 의사소통관리 | 의사소통관리 계획서 | |

## 2.2.3 실행 프로세스 그룹

　실행 프로세스 그룹은 프로젝트 요구사항을 달성하기 위해 프로젝트관리계획에 정의된 작업을 수행을 거쳐 완료하는 프로세스들로 구성된다. 프로젝트관리계획에 의거하여 프로젝트 활동을 통합 및 수행하고, 인력과 자원을 조율하는 일이 실행 프로세스 그룹에 포함된다. 또한 프로젝트 범위기술서(공공에서는 과업지시서)에 정의된 범위를 처리, 승인된 변경을 구현, 프로세스 수행 중 발생되는 이슈와 변경 그리고 위기 발생과 관련된 징후, 징조를 조기에 탐지하는 것이 이 그룹에서 지속적으로 수행된다.

　프로젝트 실행 중 계획이 변경될 때, 변경에 따른 일부 계획을 다시 수행하게 된다. 이러한 변경에는 활동 기간, 자원 생산성 및 가용성, 예기치 않은 위기 등 변경을 포함한다. 이와 같은 변경이 프로젝트관리 계획에 반드시 영향을 미친다고 할 수는 없지만 변동에 대한 영향력을 분석할 필요는 있다. 분석한 결과 변경 요청이 제기되고, 요청이 승인될 경우 프로젝트관리 계획을 수정하며, 필요에 따라 새로운 기준선을 설정해야 할 수도 있다. 프로젝트 예산의 막대한 부분이 실행 프로세스 그룹의 프로세스를 실행하는 데 소요된다.

[표 2-10] 실행 프로세스 그룹의 프로세스

| 프로세스명 | 관리 영역 | 주요 산출물 | 비고 |
|---|---|---|---|
| 프로젝트 실행 | 통합관리 | 진척데이터(주간/월간)<br>이슈보고서<br>변경요청서 | |
| 프로젝트 지식관리 | 통합관리 | | |
| 이해관계자 기대관리 | 이해관계자관리 | 이해관계자 관리 | |
| 프로젝트 팀 개발 | 자원관리 | | PMBOK |
| 자원획득 | 자원관리 | | PMBOK |
| 팀관리 | 자원관리 | | |
| 위기 처리 | 위기관리 | 위기등록 | |
| 품질보증 수행 | 품질관리 | | |
| 공급자선정 | 조달관리 | 공급자 선정 | |
| 정보배포 | 의사소통관리 | 정보배포 | |

## 2.2.4 감시 및 통제 프로세스 그룹

감시 및 통제 프로세스 그룹은 잠재된 문제를 식별하여 수정 조치를 취할 수 있도록 프로젝트 실행을 관찰하고, 필요에 따라 프로젝트 실행을 통제하기 위해 수행하는 프로세스들로 구성된다. 프로젝트 팀은 배정받은 프로젝트에 필요한 프로세스들을 결정해야 한다.

프로젝트 실행 중 계획이 변경될 때, 일부 계획을 수정하게 된다. 이러한 변경에는 활동 기간, 자원 생산성 및 가용성, 예기치 않은 위기 등 변경을 포함한다.

이와 같은 변경이 프로젝트 납기에 반드시 영향을 미친다고 할 수는 없지만 변동에 대한 영향력을 분석할 필요는 있다. 분석한 결과 변경 요청이 제기되고, 요청이 승인될 경우 프로젝트관리 계획을 수정하며, 필요에 따라 새로운 기준선을 설정해야 할 수도 있다. 프로젝트 성과를 정기적으로 관찰하고, 측정하여 기준선에서 벗어난 영역을 식별한다는 점이 감시 및 통제 프로세스 그룹의 주된 성과이다. 이 프로세스 그룹에는 변경을 통제하고, 발생 가능한 문제에 대비한 예방 조치를 제시하는 일 외에 다음과 같은 사항도 포함된다.

- ○ 프로젝트관리 계획 및 프로젝트 성과 기준선을 기준으로 현재 수행되는 프로젝트 활동 감시
- ○ 통합 변경통제를 피할 수 있는 요소에 영향을 미쳐 승인된 변경만 구현하도록 조치
- ○ 지속적인 감시 활동을 통해 프로젝트 상태를 파악하고, 추가 감시가 필요한 특정 영역 집중

감시 및 통제 프로세스 그룹은 하나의 프로세스 그룹 내에서 수행된 작업만 감시하고 통제하는 것이 아니라 프로젝트 전반적으로 감시하고 통제한다. 프로젝트관리계획서에 따라 진행시키는 데 필요한 정정 또는 예방 조치를 구현할 수 있도록 프로젝트 단계 사이에 피드백도 제공하고, 변경이 수행된다. 가령, 활동 종료일을 지키지 못한 경우에는 인력 투입 계획, 일정, 근무 비중, 예산 등을 절충 또는 조정하는 것이 필요할 수도 있다.

[표 2-11] 감시 및 통제 프로세스 그룹의 프로세스

| 프로세스명 | 관리 영역 | 주요 산출물 | 비고 |
|---|---|---|---|
| 프로젝트 통제 | 통합관리 | 프로젝트 성과관리 | |
| 변경통제 | 통합관리 | 변경요청서 | |
| 범위통제 | 범위관리 | 변경요청서(범위) | |
| 범위보증 | 범위관리 | 변경요청서(범위) | |
| 자원통제 | 자원관리 | 변경요청서(자원) | |
| 프로젝트 팀 관리 | 자원관리 | 변경요청서(자원) | |
| 일정통제 | 일정관리 | 변경요청서(일정) | |
| 위기통제 | 위기관리 | 변경요청서(위기) | |
| 품질통제 | 품질관리 | 변경요청서(품질관련) | |
| 조달통제 | 조달관리 | 변경요청서(조달관련) | |

## 2.2.5 종료 프로세스 그룹

종료 프로세스 그룹은 프로젝트나 프로젝트 단계의 모든 활동을 공식적으로 종료하고, 완제품을 인계하거나 취소된 프로젝트를 종결하는 데 사용되는 프로세스가 포함된다. 프로젝트가 완료되면 종료 프로세스 그룹에서 모든 프로젝트 그룹에 정의된 프로세스가 완료되었는지 검증하여 프로젝트나 프로젝트 단계를 종료하고, 상황에 따라 프로젝트나 프로젝트 단계가 완료되었음을 공식적으로 확인한다. 종료 프로세스 그룹에는 다음과 같은 프로젝트 관리 프로세스가 포함된다.

[표 2-12] 종료 프로세스 그룹의 프로세스

| 프로세스명 | 관리 영역 | 주요 산출물 | 비고 |
|---|---|---|---|
| 프로젝트 종료(단계 포함) | 통합관리 | 프로젝트 종료보고서 | |
| 교훈수집 | 통합관리 | 교훈정리 보고서 | ISO21500 |

프로젝트를 성공적으로 추진하기 위해 관련 프로세스와 함께 프로젝트 시작부터 종료까지 착수, 계획, 실행, 통제, 종료 등 5개 프로세스 그룹으로 구분하고, 프로젝트를 범위, 일정, 원가, 자원, 위기 같은 핵심영역과 품질, 의사소통, 조달, 이해관계자 관리 같은 지원영역으로 총 10개 관리영역으로 구분하여 관리한다. ISO21500은 39개 프로세스가 프로젝트관리를 위해 [표 2-12]와 같이 국제적으로 표준화되었고, 미국 국가 표준인 PMBOK 6판은 49개의 프로세스로 표준화되어 사용한다. 우리나라는 ISO21500 공포에 맞추어 신속하게 대응하여 KSAISO21500로 명명하고, 국가표준으로 2013년에 채택, 공표하였다.

[표 2-13] ISO21500의 표준 프로세스

| 주제그룹 | 프로세스 그룹 | | | | |
|---|---|---|---|---|---|
| | 착수 | 계획 | 실행 | 통제 | 종료 |
| 통합 | 4.3.2 프로젝트 헌장 개발 | 4.3.3 프로젝트 계획 개발 | 4.3.4 프로젝트 작업 지휘 | 4.3.5 프로젝트 작업 통제<br>4.3.6 변경통제 | 4.3.7 프로젝트 단계 또는 프로젝트 종료<br>4.3.8 교훈 수집 |
| 이해관계자 | 4.3.9 이해관계자 식별 | | 4.3.10 이해관계자 관리 | | |
| 범위 | | 4.3.11 범위 정의<br>4.3.12 작업분류 체계 작성<br>4.3.13 활동 정의 | | 4.3.14 범위 통제 | |
| 자원 | 4.3.15 프로젝트 팀 구성 | 4.3.16 자원 산정<br>4.3.17 프로젝트 조직 정의 | 4.3.18 프로젝트 팀 개발 | 4.3.19 자원 통제<br>4.3.20 프로젝트 팀 관리 | |
| 시간 | | 4.3.21 활동 순서<br>4.3.22 활동기간 추정<br>4.3.23 일정 수립 | | 4.3.24 일정 통제 | |
| 원가 | | 4.3.25 원가 산정<br>4.3.26 예산 편성 | | 4.3.27 원가 통제 | |

| 주제그룹 | 프로세스 그룹 | | | | |
|---|---|---|---|---|---|
| | 착수 | 계획 | 실행 | 통제 | 종료 |
| 리스크 | | 4.3.28 리스크 식별<br>4.3.29 리스크 평가 | 4.3.30 리스크 대처 | 4.3.31 리스크 통제 | |
| 품질 | | 4.3.32 품질 계획 | 4.3.33 품질 보증 수행 | 4.3.34 품질 통제 수행 | |
| 조달 | | 4.3.35 조달 계획 | 4.3.36 공급자 선정 | 4.3.37 조달 관리 | |
| 의사소통 | | 4.3.38 의사소통 계획 | 4.3.39 정보 배포 | 4.3.40 의사소통 관리 | |

앞서 설명하였듯이 ISO21500이나 PMBOK(6판) 모두 아래와 같이 10개의 관리영역으로 구성되어 있다. ISO21500에서는 관리영역 대신 주제영역, PMBOK은 프로세스관리 영역으로 칭하는데 여기서는 '관리영역'으로 정리하였다.

## 2.3.1 통합관리

프로젝트 통합관리 영역에는 프로젝트관리 활동을 식별, 정의, 결합, 통합 및 조정하는 프로세스와 활동이 포함된다. 프로젝트관리 상황에서 '통합'이란 프로젝트 착수단계부터 종료단계까지 고객을 비롯한 이해관계자 요구사항 충족, 기대사항 관리에 필수적인 통일, 통합 및 유기적 연결 조치 등을 모두 포괄하는 것으로, 지정된 날짜에 자원과 노력을 집중적으로 투입할 곳을 선별하고, 잠재된 문제가 심각해지기 전에 처리하거나, 프로젝트 전반에 걸쳐 작업을 통합 조정하는 것을 말한다. 또한 여러 가지 상충되는 목표와 대안 사이에서 절충점을 찾는 일도 통합관리에 포함된다.

[표 2-14] 통합관리 프로세스

| 프로세스명 | 프로세스 내용 | 주요 산출물 | 비고 |
|---|---|---|---|
| 프로젝트 헌장(차터) 개발 | 프로젝트 또는 프로젝트단계를 공식 승인하는 프로젝트 헌장(Charter) 작성 | 프로젝트 헌장 | |
| 프로젝트 계획 개발 | 모든 프로젝트관리 계획을 정의, 준비, 통합 및 조정하는 데 필요한 문서 작성 | 프로젝트관리 계획서 | |
| 프로젝트 실행 지시 및 관리 | 프로젝트 범위기술서에 언급된 프로젝트 요구사항을 이행하기 위한 프로젝트관리계획에 정의된 작업 실행 | 진척보고서 이슈로그 변경로그 | |
| 프로젝트 작업 감시 및 통제 | 프로젝트관리계획에 정의된 성과 목표에 부합하도록 프로젝트 착수, 계획 수립, 실행 및 종료하는 데 사용된 프로세스를 감시하고 통제 | 성과보고서 이슈보고서 변경요청서 | |
| 통합 변경통제 | 산출물 및 조직 프로세스 자산[1]에 대한 변경요청 검토, 변경 승인, 변경 완료에 이르는 과정 통제 | 변경요청서 | |
| 프로젝트 종료 | 프로젝트 또는 프로젝트 단계를 공식적으로 마감하기 위한 프로젝트 전체에 관한 최종 종결 작업 | 종료보고서 | |
| 교훈작성 | 프로젝트 수행 중 수집된 교훈을 작성하는 작업 | 교훈보고서 | ISO 21500 |

## 2.3.2 범위관리

프로젝트 범위관리는 고객이 요청한 요구사항을 모두 포함하였는지, 프로젝트에 필요한 모든 작업을 포함하였는지를 확인하기 위해 수행하는 프로세스를 포함한다. 프로젝트 범위관리는 요구사항 수집부터 정의·확정하고, 요구사항을 수행하기 위한 작업을 확인하여 활동으로 정의하며, 실행단계에서는 그 이행 여부를 관리, 통제한다.

---

1) 조직 프로세스 자산(OPA, Organizational Process Assets) : 프로젝트 수행 조직(Performing Organization)에 특화되어 사용되는 공식적, 비공식적 계획, 프로세스, 정책, 절차 및 교훈(Lessons Learned), 선례 정보(Historical Informtion)와 같은 지식기반(Knowledge Base) 등을 의미

[표 2-15] 범위관리 프로세스

| 프로세스명 | 프로세스 내용 | 주요 산출물 | 비고 |
|---|---|---|---|
| 범위계획서 작성 | 프로젝트 범위정의, 검증, 통제 방법, 작업분류체계(WBS) 작성 및 정의 방법 등 문서 작성 | 범위계획서 | PMBOK |
| 요구사항 수집 | 다양한 이해관계자로부터 요구사항 수집 | 요구사항 수집서 | PMBOK |
| 범위정의 | 고객 요구사항을 수행자가 이행하기 위한 작업을 정의 및 정리 | 범위기술서 | |
| 작업분류체계 작성 | 주요 프로젝트 인도물과 프로젝트 작업을 보다 작고, 관리 가능한 구성요소로 세분 | WBS, WBS Dictionary | |
| 활동정의 | 작업별 수행 활동에 대한 구체적인 내용정의 | 활동목록표 | ISO21500 |
| 범위검증 | WBS에 정의한 작업에 대해 수행 여부를 검증하고, 완료된 프로젝트 결과물을 검토함 | 관련 자료 Update | PMBOK |
| 범위통제 | 요구사항 또는 작업 관련 변경에 대한 통제 | 변경요청서 | |

## 2.3.3 일정관리

프로젝트 일정관리에는 활동의 선·후행 관리, 일정 견적, 상세계획수립, 일정변경 등 프로젝트 납기 준수에 필요한 프로세스가 포함된다. 프로젝트 일정관리 프로세스에 다음과 같은 활동이 포함된다.

[표 2-16] 일정관리 프로세스

| 프로세스명 | 프로세스 내용 | 주요 산출물 | 비고 |
|---|---|---|---|
| 일정관리계획서 작성 | 프로젝트 활동의 선·후행 관리, 일정, 자원 견적, 상세계획, 일정통제관련 절차를 구체화하는 관리계획서 작성 | 일정관리계획서 | PMBOK |
| 활동정의 | 프로젝트 산출물을 생산하기 위해 수행해야 하는 특정 일정 활동 식별 | 활동목록표 | ISO21500 경우 범위관리에서 수행 |
| 활동순서배열 | 활동 간 선·후행 정의 | 프로젝트공정표 | |
| 활동기간 산정 | 개별 활동을 완료하는 데 필요한 작업 기간 산정 | 일정견적표 | |
| 일정개발 | 활동 순서, 기간, 자원 투입 소요량을 기초로 활동별 상세일정을 작성 | 상세일정표 | |
| 일정통제 | 프로젝트일정에 대한 변경 통제 | 변경요청서 시정조치 | |

### 2.3.4 자원관리

PMBOK에서 자원관리는 영어로는 "HR", 우리말로는 인적자원관리라고 한다. 자원관리
에는 프로젝트 팀을 구성하고 관리하는 프로세스가 수반된다. 프로젝트 팀은 프로젝트를
완료하는 데 있어 해당 역할과 책임을 배정받은 사람들로 구성된다. 프로젝트 팀원은 배정
된 역할과 책임뿐만 아니라 프로젝트의 기획 및 의사 결정에도 깊이 참여해야 한다. 팀원의
조기 참여는 기획 프로세스에서 전문성을 높이고 프로젝트에 대한 사명 강화라는 결과를
유발시킨다. 프로젝트가 진행됨에 따라 프로젝트 팀원의 유형과 수가 바뀔 수 있다.

[표 2-17] 자원관리 프로세스

| 프로세스명 | 프로세스 내용 | 주요 산출물 | 비고 |
|---|---|---|---|
| 자원관리기획 | 자원관리계획서의 작성뿐만 아니라 프로젝트 역할, 책임 및 보고 관계식별 및 문서화하는 절차를 기획 | 자원관리계획서 | PMBOK |
| 프로젝트 팀 구성 및 확보 | 프로젝트 수행에 필요한 인적자원 획득 | 자원 채용, 계약서 | ISO21500 |
| 조직정의 | 프로젝트 팀을 구성하는 조직을 정의 | 조직도, RAM | |
| 프로젝트 팀 개발 | 프로젝트 성과를 높이기 위한 팀원들의 능력 및 상호 작용 개선 | 팀성과서, 평가서 | |
| 프로젝트 팀 관리 | 프로젝트 성과를 높이기 위한 팀원 성과 추적, 피드백 제공, 문제 해결 및 변경 조정 | 직원 성과/평가 변경요청서, 시정조치 | |
| 자원관리 | 자원의 변경, 재조정 및 보충 | 변경요청서, 시정조치 | ISO21500 |

### 2.3.5 원가(비용)관리

프로젝트 원가관리에는 승인된 예산 안에서 프로젝트를 완수하기 위한 기획, 활동별 비
용(원가) 산정, 예산 책정 및 원가통제 관련 프로세스가 수반된다.

**[표 2-18] 원가관리 프로세스**

| 프로세스명 | 프로세스 내용 | 주요 산출물 | 비고 |
|---|---|---|---|
| 원가관리계획서 작성 | 활동원가산정, 예산 편성, 원가 통제와 관련된 제반 절차를 구체화하는 계획서 | 원가관리 계획서 | PMBOK |
| 활동원가산정 | 프로젝트 활동을 완수하기 위해 필요한 자원 원가의 근사값 개발 | 활동원가표 | |
| 원가예산책정 | 원가 기준선을 작성하기 위한 개별 활동 또는 작업 패키지의 산정 원가 집계 | 예산편성표, S-Curve | |
| 원가통제 | 프로젝트 예산에 대한 원가 차이 및 변경 통제를 야기하는 요인에 작용 | 실행가, 예측가, 성과관리서, 변경요청서, 시정조치 | |


## 2.3.6 품질관리

프로젝트 품질관리 프로세스에는 수행 조직에서 프로젝트 제반 요구사항이 충족되도록 프로젝트 품질 방침, 목적, 책임 사항을 결정하는 모든 관리 활동이 수반되며, 품질관리 전반에 걸쳐 지속적인 프로세스 개선 활동과 함께 품질기획, 품질보증, 품질통제에 관한 방침, 절차 및 프로세스를 통하여 품질관리 시스템을 구현한다. 프로젝트 품질관리 프로세스에는 다음과 같은 활동이 포함된다.

**[표 2-19] 품질관리 프로세스**

| 프로세스명 | 프로세스 내용 | 주요 산출물 | 비고 |
|---|---|---|---|
| 품질기획서 작성 | 프로젝트와 관련된 품질 표준식별 및 품질 표준에 부합하는 방법결정 | 품질기획서 | |
| 품질보증 수행 | 요구사항에 따라 필요한 모든 프로세스가 프로젝트에 사용되도록 조직적이고 체계적인 품질 활동 적용 | 변경요청서 | |
| 품질통제 수행 | 관련 품질 표준 부합 여부를 판별하기 위해 특정 프로젝트 결과 감시 및 불만족한 성과 원인을 제거하기 위한 방법 식별 | 품질통제 측정 검사보고서, 변경요청, 산출물 확인 시정조치, | |

## 2.3.7 위기관리

위기관리는 영어를 우리말로 바꿔 리스크관리라고도 한다. 여기서는 '위기관리'를 사용하는데 그 이유는 위기를 초반에 잘 극복하면 기회가 되기 때문이다.

프로젝트 위기관리에는 프로젝트에 대한 위기관리 기획, 식별, 분석, 대응 및 감시 통제의 수행과 관련된 프로세스가 포함된다. 이러한 프로세스 중 대부분은 프로젝트 전체에 걸쳐 관리된다. 프로젝트 위기관리 목표는 긍정적인 사건의 영향 및 가능성을 증가시키고, 프로젝트에 대한 부정적인 사건의 영향 및 가능성을 감소시키는 것이다. 프로젝트 위기관리 프로세스는 다음 프로세스가 포함된다.

[표 2-20] 위기관리 프로세스

| 프로세스명 | 프로세스 내용 | 주요 산출물 | 비고 |
|---|---|---|---|
| 위기관리 기획 | 위기관리 활동의 접근, 계획 및 실행방법 결정 | 위기관리 기획서 | PMBOK |
| 위기식별 | 프로젝트에 영향을 미칠 수 있는 위기 및 그 특징을 정의 | 위기등록 | |
| 위기분석 | 위기의 발생 확률 및 영향력을 평가하고, 이를 정량적으로 분석 | 위기등록, 우선순위 영향력분석 보고서 | PMBOK은 정성적, 정량적 분석으로 구분 |
| 위기대응 | 기회를 증진시키고 프로젝트 목표에 대한 위험을 감소하기 위한 대응 방안 수립 | 예방계획 | |
| 위기통제 | 기존 정의된 위기를 모니터링하고, 그 결과를 검토하며, 위기 예방계획을 실행하고 그 유효성을 평가 | 변경요청서, 시정조치 | |

## 2.3.8 구매/조달관리

프로젝트 구매/조달관리에는 프로젝트를 수행하기 위해 외부로부터 필요한 제품, 서비스 또는 결과를 구입하거나 획득하는 프로세스가 포함된다. 프로젝트 구매/조달관리에는 권한을 부여받은 프로젝트 팀 구성원이 발급한 구입 주문서 또는 계약서를 관리하는 데 필요한 계약 관리 및 변경 통제 프로세스가 포함된다.

프로젝트 구매/조달관리에는 수행 조직(판매자)으로부터 프로젝트를 획득하고자 하는 외부 조직(구매자)에서 발급된 계약서를 관리하는 일과 계약서에 따라 프로젝트 팀에게 부여된 계약서 상 의무를 관리하는 프로세스가 포함된다.

프로젝트 조달관리 프로세스는 다음과 같다.

[표 2-21] 구매/조달관리 프로세스

| 프로세스명 | 프로세스 내용 | 주요 산출물 | 비고 |
|---|---|---|---|
| 구매 및 획득 계획 | 조달 품목 및 조달 시기와 방법을 결정하는 프로세스 | 조달관리 계획서 | |
| 계약체결 계획 | 제품, 서비스 및 결과 요구사항을 기록하고, 잠재적인 공급자를 식별하는 프로세스 | 공급자 목록 제작/구매 결정 | PMBOK |
| 판매자응답 요청 | 조달 정보, 견적(Quotations), 입찰(Bids)과 제안(Proposals)을 확보하는 프로세스 | 입찰관련 문서 (청구, 계약) 준비 | |
| 계약행정 | 구매자와 판매자 간의 관계 및 계약 관리, 시정조치를 확립하기 위한 성과 및 수행 방법 검토 및 기록, 계약 관계 변경 관리 및 해당되는 경우, 프로젝트 외부 구매자와 계약적 관계를 관리하는 프로세스 | 계약서 | |
| 계약종료 | 미결 사항 해결 및 계약 종료를 포함하여 계약을 완료하고 청산하는 프로세스 | | |

## 2.3.9 이해관계자관리

프로젝트 이해관계자관리는 프로젝트에 영향을 주거나 프로젝트의 영향을 받을 수 있는 모든 사람, 집단 또는 조직, 즉 이해관계자에 대한 관리로 이해관계자 식별, 이해관계자 기대사항, 프로젝트 영향 분석 등과 함께 프로젝트 의사결정 및 실행에 이해관계자의 효율적인 참여를 유도하기 위한 관리 전략 개발이 포함된다.

[표 2-22] 이해관계자관리 프로세스

| 프로세스명 | 프로세스 내용 | 주요 산출물 | 비고 |
|---|---|---|---|
| 이해관계자 식별 | 프로젝트 의사결정, 활동, 또는 결과물에 영향을 주거나 영향을 받을 수 있는 개인, 집단 또는 조직을 식별하고, 이해관계자가 프로젝트의 성공에 미칠 잠재적 영향력, 이해관계, 참여도, 상호 의존관계에 관한 정보를 분석 미 문서화 | 이해관계자 등록 | |
| 이해관계자 관리 계획 수립 | 이해관계자 요구사항, 이해관계, 프로젝트 성공에 미치는 잠재적 영향력 분석 결과를 토대로, 전체 프로젝트 생애주기에 이해관계자의 효율적인 참여를 유도하는 데 적합한 관리 전략 개발 | | PMBOK |
| 이해관계자 관리 | 프로젝트 생애주기 전반에 걸쳐 이해관계자의 요구/기대사항 이행여부 관리 | 변경요청서 | |
| 이해관계자 통제 | 전체 프로젝트 이해관계자 관계를 감시하고 이해관계자의 참여 전략 및 계획 조정 | | PMBOK |

## 2.3.10 의사소통관리

의사소통 목적은 이해관계자 정보 및 의사소통 필요성을 정하는 것이다. 프로젝트 관련 정보를 의사소통할 필요가 있지만, 배포에 대한 정보항목 및 방법은 다양하다. 프로젝트 성공요인은 이해관계자 정보와 정부 또는 규제기관에 대한 의무적 정보 식별 및 그러한 요구사항 충족에 적합한 수단을 결정하는 것을 포함한다. 참여인력이 지역적으로 흩어져 있거나 다양한 문화, 조직적 요인 등은 의사소통 요구사항에 지대한 영향을 미칠 수 있다.

이 프로세스는 이해관계자 식별 및 분석에 뒤이어 프로젝트 기획 초기에 시작되는 것이 좋으며, 프로젝트 전반에 걸쳐 지속적인 효과를 거두기 위하여 필요하다면 정규적으로 검토 및 개정하는 것이 좋다. 의사소통 계획은 정보 요구사항을 정의하고 프로젝트 전반에 걸쳐 해당 이해관계자가 보다 쉽게 접근 가능토록 하는 것이 좋다.

[표 2-23] 의사소통관리 프로세스

| 프로세스명 | 프로세스 내용 | 주요 산출물 | 비고 |
|---|---|---|---|
| 의사소통관리 계획서 | 의사소통 방법, 채널, 관련 문서 등을 활용하는 절차를 기획 | 의사소통계획서 | |
| 정보배포 | 프로젝트 이해관계자에게 필요한 정보를 의사소통 계획에서 정의된 대로 전달하고, 특정 정보에 대한 예상치 못한 요청에 대응하는 것 | 배포된 정보 (주, 월간 보고서) | |
| 의사소통관리 | 프로젝트 이해관계자의 의사소통 요구가 만족되는 것을 보장하며 만약 의사소통 이슈가 발생하는 경우 이를 해결하는 것 | 정확 및 적시정보 시정조치 | |

## 주요 산출물

프로젝트관리에 사용되는 산출물은 상당히 많지만 중요한 산출물은 20여 종류가 되고, 그 외의 산출물은 기존 문서나 각 프로젝트 환경에 따라 다를 수 있어 여기서는 착수부터 계획, 실행, 통제, 종료까지 중요한 산출물 위주로 설명한다.

프로젝트 산출물이 주로 프로젝트 결과에 의한 내용으로 구성되어 있고, 프로젝트관리 산출물은 각종 계획서, 지침, 기준, 지표 중심으로 구성되어 있다.

[그림 2-3] 프로세스별 주요 산출물

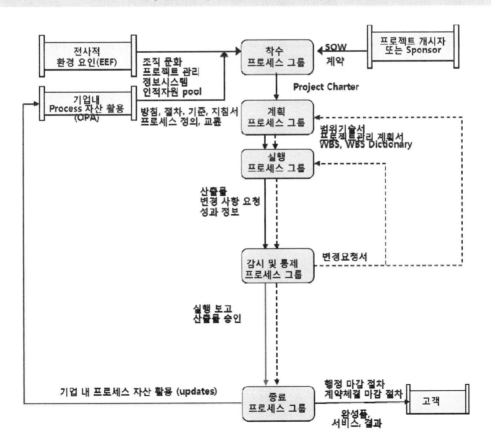

## 2.4.1 프로젝트 차터

프로젝트 프로세스 착수 그룹과 통합관리 차터 작성 프로세스의 산출물로 프로젝트와 프로젝트 단계를 대내·외적으로 공식 승인하는 문서로 프로젝트관리자 임명, 마일스톤, 기초예산, 관련 전제 및 제약조건을 명시하는 중요한 공식적인 산출물 중의 하나이다.

[표 2-24] 프로젝트 차터 내용

| 항목 | 상세 내용 |
|---|---|
| 일반정보 | 프로젝트명, 작성자, 작성일, 작성부서, 문서정보 |
| 프로젝트정보 | 목적, 설명(타당성 포함), 고객정보, 결과물, 사용자 기대효과, 성공평가요인 등 |
| 상세정보 | 시작일, 종료일, 예상비용, 중요 일정, 위기/변경 관련, 전제 및 제약조건 |
| 조직정보 | 프로젝트관리자, 프로젝트 리더. 기타 중요자 역할 |

관련 산출물 형식은 다음과 같다. 통상적으로 2~4페이지 분량이지만 간단히 항목 중심으로 정리하였다.

## [그림 2-4] 프로젝트 차터 양식

### 1. 프로젝트 관련 정보

| | |
|---|---|
| 프로젝트 명 | |
| 프로젝트 기간 | |
| 추진 배경 | |
| 추진 목적 | |
| 문서 관련 정보 | |

| | | |
|---|---|---|
| | | |

### 2. 프로젝트 정의

| | |
|---|---|
| 프로젝트 종료 후 예상 결과물 | |
| 프로젝트 종료 후 사용자 | |
| 프로젝트 종료 후 기대 효과 | |
| 프로젝트 성공을 평가하기 위한 요소 | |
| 주요 산출물 | |

### 3. 프로젝트 관련 상세내용

| 시작예정일(Proposed Start date) | | 종료예정일(Proposed end date) | |
|---|---|---|---|

프로젝트 상세 설명 :

프로젝트 예상비용(total post-implementation costs) :

| 예상비용(Estimated Cost) | | 자금원(Funding Source) | |
|---|---|---|---|

중요일정(Milestone)

| 내용 | 일정 | 비고 |
|---|---|---|
| | | |

예상 위기

가정 및 제약 조건

### 4. 투입자원 정보(PM, PL 포함)

| 인적 사항 | 회사/부서 | 역할 |
|---|---|---|

### 5. 프로젝트 승인

| | Name | Signature | Date (MM/DD/YYYY) |
|---|---|---|---|
| Business Sponsor | | | |
| Project Manager | | | |

## 2.4.2 범위기술서

범위기술서(Project Scope Statement)는 프로젝트관리 계획 프로세스 그룹과 범위관리 관리영역의 범위정의 프로세스의 산출물로 프로젝트 업무범위와 목표, 인수기준 등을 정의한 공식 산출물이다. 이 산출물은 Creeping Scope(사소한 범위나 요구사항을 공식적인 절차 없이 임의로 수정하는 행위)를 방지하기 위한 중요한 증거이다. 올바른 범위 정의는 정확한 일정, 원가, 자원 산정을 가능하게 하며, 성과 측정과 프로젝트 통제를 위한 범위 기준선(Scope Baseline)을 정의한다.

[표 2-25] 범위기술서 내용

| 항목 | 상세 내용 |
|---|---|
| 일반정보 | 프로젝트명, 프로젝트관리자, 작성자, 작성일, 작성부서, 문서정보 |
| 프로젝트 정보 | 프로젝트 요약, 추진 목적, 산출물 관련 |
| 상세정보 | 범위 및 요구사항, 인력사항, 전제/제약 조건, 내외부 관련 부서, 주요일정, |
| 프로젝트관리 정보 | 고려할 주요이슈, 공식적인 문서 관련, 프로젝트 이슈, 변경요청 |

관련 산출물 형식은 다음과 같다. 통상적으로 4~8페이지가 되지만 간단히 항목 중심으로 정리하였다. 실무에 적용하는 경우 프로젝트 추진 중 발생할 수 있는 이슈나 위기 등을 고객 입장에서 상세하게 언급하는 것이 좋다.

[그림 2-5] 범위기술서 양식

| 프로젝트 범위 기술서 | | | | | 문서번호 | |
|---|---|---|---|---|---|---|
| 프로젝트명 | | | 부문명 | | 작성일 | 작성자 |

**1. 프로젝트 요약**

**2. 프로젝트 추진목적**

2.1 추진 조직

2.2 프로젝트 목적

**3. 프로젝트 상세 내역**

3.1 프로젝트 범위

3.2 외적 영향

3.3 가정/제약 사항

**4. 주요 일정**

| 단계 | 목표일 |
|---|---|
| | |
| | |
| | |
| | |

**5. 프로젝트 관리 방안**

5.1 개발 방안

5.2 이슈/위험 관리

5.3 변경관리

5.4 의사소통관리

**7. 프로젝트 단계별 달성 조건**

| 단계 | 조건 | 확인 | 날짜 |
|---|---|---|---|
| | | | |
| | | | |
| | | | |
| | | | |

## 2.4.3 WBS

WBS(Work Breakdown Structure, 작업분류체계)는 프로젝트관리 계획 프로세스 그룹과 범위관리의 중요한 산출물로 WBS는 프로젝트 기초계획 수립을 위해 가장 중요한 산출물이다. WBS는 이해관계자가 정의한 다양한 요구사항을 수행 가능한 "작업"을 계층 구조로 정의하는 산출물로 프로젝트의 원가관리, 의사결정을 위한 기초자료, 조직구성, 조직과 작업간의 책임문제, 위기관리, 품질관리를 위해 사용하는 아주 중요한 산출물이다.

[표 2-26] WBS 내용

| 항목 | 상세 내용 |
| --- | --- |
| 일반정보 | 프로젝트명, 작성자, 작성일, 작성부서, 문서정보 |
| 프로젝트정보 | 목적, 상세설명, 제약조건 |
| WBS 정보 | WBS ID, 내용, 전체 요약 |

관련 산출물의 형식은 아래와 같다. 보통은 크게 전체의 구조를 보여주는 것이 효과적이나 통상적으로 단계(Level)별로 페이지를 구성한다.

[그림 2-6] WBS 양식

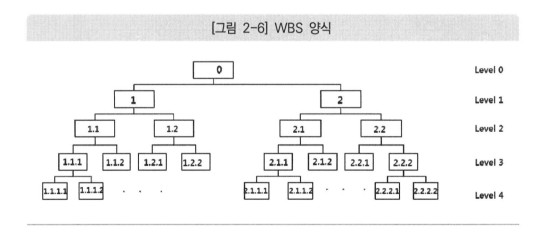

WBS에서 통합관리 할 수 있는 수준으로 아래와 같이 Work Package를 선정하여 프로젝트 수행의 공정진척률을 계산하고, 관리할 수 있다.

[그림 2-7] Work Package

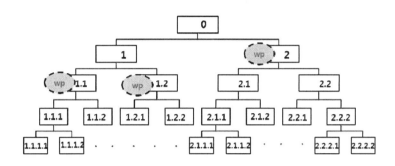

### 2.4.4 WBS Dictionary

WBS 산출물의 궁극적 목적은 프로젝트의 일정과 예산을 측정하고, 일을 배정하는 기초 단위인 "Work Package"를 얻는 것으로 비용정산과 예산수립의 기본단위로 이용할 수가 있다. 아울러 투입 자원과 소요량과 함께 품질기준, 위기 정의 기술 관련 내용을 정의하는 산출물이다. 성공적인 계획수립을 위해서 가장 중요한 산출물 중 하나이다.

[표 2-27] WBS Dictionary 내용

| 항목 | 상세 내용 |
|---|---|
| 일반정보 | 프로젝트명, 작성자, 작성일, 작성부서, 문서정보 |
| WBS 정보 | WBS ID, Work Package명, 상세설명, 책임자 |
| 산출물정보 | 산출물 종류, 산출물관련 일자(착수, 완료, 목표일) |
| 활동정보 | 활동 ID, 투입자원, 자원별 비용, 총 비용 |
| 기타정보 | 품질관련, 검수기준관련, 기술적인 고려사항, 위기관련 |

관련 산출물 형식은 다음과 같다. 보통 Work Package별로 1~3페이지 정도 작성한다.

[그림 2-8] WBS Dictionary 양식

| WBS Dictionary | | | | | | 문서번호 | |
|---|---|---|---|---|---|---|---|
| 프로젝트명 | | 부문명 | | 작성일 | | 작성자 | |

| Work Package 명 | | | | 책임자 | | 예상시작일 | 예상종료일 |
|---|---|---|---|---|---|---|---|
| | | | | WBS ID | | | |
| 작업내용 | | | | | | | |
| 예상결과물 | 1.<br>2. | | | | | | |

작업 상세 내역

| WBS ID | Act. ID | 활동명 | Activity | 투입 Resource | Labor | | | Material | | | Total Cost |
|---|---|---|---|---|---|---|---|---|---|---|---|
| | | | | | Hour | Rate | Total | Unit | Cost | Total | |
| | | | | | | | | | | | |
| | | | | | | | | | | | |

| 품질관련 요구사항 | |
|---|---|
| 검수기준 | |
| 기술적인 사항 | |
| 예상되는 위험 | |
| 기타 | |

## 2.4.5 프로젝트 공정표

WBS Dictionary 산출물에 정의된 활동의 선·후행을 연결하여 프로젝트 전체의 진행 모습을 보여주는 산출물로 프로젝트 공정표, 또는 Project Network Diagram으로 호칭하기도 한다.

[표 2-28] 프로젝트공정표 내용

| 항목 | 상세 내용 |
|---|---|
| 일반정보 | 프로젝트명, 작성자, 작성일, 작성부서, 문서정보 |
| 공정정보 | 선·후행 관계, 기간, 주공정(Critical Path) 등 |

다음 그림은 PDM (Precedence Diagram Method) 형태로 된 프로젝트 공정표이다.

구체적인 내용은 저자의 '프로젝트 성공 2597'(이석주 저, 2016, 범한)의 제5장 성공방정식에서 설명하였다.

[그림 2-9] 프로젝트공정표 양식

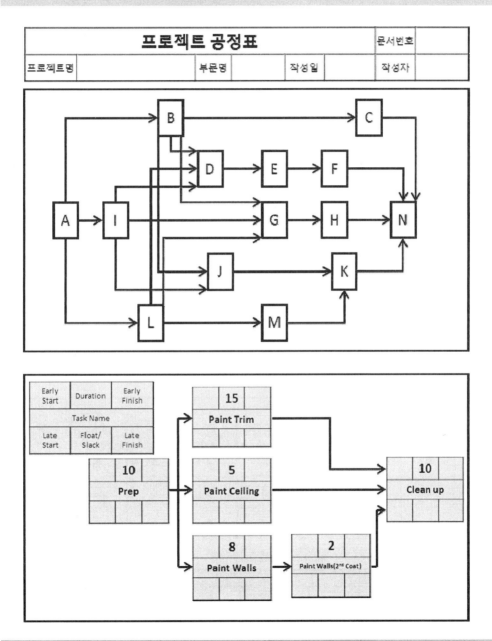

## 2.4.6 프로젝트 상세일정표

프로젝트 상세일정표(Project Schedule)에 기간, 자원 요구사항 및 일정 제약사항을 분석하여 활동별 구체적인 일정(시작/종료 일정)을 수립하는 산출물로 Project Schedule로 호칭하기도 한다. 프로젝트 상세일정표를 통해 전체 납기를 점검하며, 납기 점검 후 자원의 가용성을 확인하고, 최종 일정을 확인하면 상세일정표는 일정기준선(Time Baseline)이 된다.

[표 2-29] 프로젝트 상세일정표 내용

| 항목 | 상세 내용 |
|------|-----------|
| 일반정보 | 프로젝트명, 작성자, 작성일, 작성부서, 문서정보 |
| 활동정보 | 활동별(ES, EF, LS, LF, TF, FF) 주공정표시 |

관련 산출물은 아래와 같다.

[그림 2-10] 프로젝트상세일정표 양식

### 프로젝트 상세 일정표

| 문서번호 | |
|----------|---|

| 프로젝트명 | | 부류명 | | 작성일 | | 작성자 | |
|-----------|---|-------|---|-------|---|-------|---|

| 활동 | 선행작업 | 기간 | ES | EF | LS | LF | TF |
|------|----------|------|----|----|----|----|----|
| A | None | 2 | 1 | 2 | 1 | 2 | 0 |
| B | A | 3 | 3 | 5 | 6 | 8 | 3 |
| C | A | 6 | 3 | 8 | 3 | 8 | 0 |
| D | B,C | 1 | 9 | 9 | 9 | 9 | 0 |

### 2.4.7 프로젝트 S-Curve

프로젝트의 활동별 상세 일정이 결정되면 Work Package 원가 또는 활동별 원가를 누적하여 프로젝트 전체 비용의 투입흐름을 보여주는 산출물이다. 이 누적도표는 계획의 타당성 여부를 점검하는데 통상적으로 사용되고, 무리한 비용 투입 등도 점검된다. 최종 확정되면 원가기준선(Cost Baseline)이 된다.

[표 2-30] S-Curve 내용

| 항목 | 상세 내용 |
|------|-----------|
| 일반정보 | 프로젝트명, 작성자, 작성일, 작성부서, 문서정보 |
| 상세정보 | 일정, 투입비용(자원, 성과지표) 등 |
| 실적정보 | 실제투입(비용, 자원, 성과) 등 |

S-Curve의 형태는 아래와 같다.

[그림 2-11] S-Curve

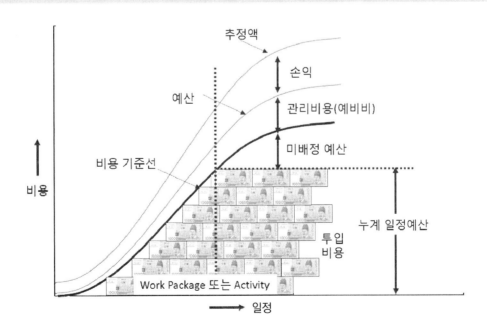

## 2.4.8 진척보고서

프로젝트 계획이 완성되고 실행이 진행되면 프로젝트 계획에 대해 실행이 어떻게 이루어지고 있는가를 보여주는 중요한 산출물로 주간 진척보고서와 월간 진척보고서가 사용된다. 일부 프로젝트에서는 여전히 주/월간 진척보고서 내용에서 진척률 값이 정확하지 않고, 진척보고서가 형식적으로 사용되는 경우가 많다.

[표 2-31] 진척보고서(주 · 월간) 내용

| 항목 | 상세 내용 |
|---|---|
| 일반정보 | 프로젝트명, 작성자, 작성일, 작성부서, 문서정보 |
| 전체 상황 | 전체/분야별 납기, 예산, 범위, 품질 상황표시(정상, 주의, 경고), 전체/분야별 진척률(월별 포함) |
| 진척정보 | 활동별 계획/실적, 현 상태 표시 (주간보고만) |
| 중요 진척정보 | 마일스톤 중심 일정 확인 (월간보고만) |
| 통제정보 | 이슈, 변경, 위기의 처리내용 및 결과 |
| 성과정보 | 프로젝트 관련 각종 지표 |
| 기타정보 | 문의 또는 요청사항 |

진척보고서는 주간, 월간 보고서로 구분되어 아래와 같은 항목을 포함하고 있다. 주간보고는 위기, 이슈, 변경 처리를 위해 구체적 내용을 포함하며, 월간보고는 위기, 이슈, 변경의 통계적 내용과 그 처리의 중요성을 보여주고 있다.

진척보고서는 세부 활동 내용, 활동ID, 이슈 ID, 위기 ID, 변경 ID 표시와 그에 대한 확인이 중요한 항목이다.

## [그림 2-12] 주간회의와 진척보고서 양식

| 주간회의 및 진척보고서 | | PMO | | |
|---|---|---|---|---|
| 작성일자 | | 작성기간 | | |
| 참석자 | | | | |

### 계획 및 실적

| 전체 | 부문 | | | | | | | |
|---|---|---|---|---|---|---|---|---|
| | 계획 | | | | | | | |
| | 실적 | | | | | | | |
| | 차이 | | | | | | | |

### 프로젝트 주간 수행 내역

| Act# | 상태 | 작업내용 | Planned | | Actual | | 비고 |
|---|---|---|---|---|---|---|---|
| | | | 시작일 | 종료일 | 시작일 | 종료일 | |
| | | | | | | | |
| | | | | | | | |
| | | | | | | | |

### 프로젝트 차주 예정 내역

| Act# | 작업내용 | Planned | | 비고 |
|---|---|---|---|---|
| | | 시작일 | 종료일 | |
| | | | | |
| | | | | |
| | | | | |

### 이슈, 변경, 위기 요약

| | Issue | | | | Change | | | | Risk | | | |
|---|---|---|---|---|---|---|---|---|---|---|---|---|
| | 발의 | 처리 | 진행 | 기타 | 발의 | 처리 | 진행 | 기타 | 발의 | 처리 | 진행 | 기타 |
| 전체 | | | | | | | | | | | | |
| 금주 | | | | | | | | | | | | |

**[그림 2-12] 주간회의와 진척보고서 양식**

**Issue**

| Issue # | 제목 | 내용 | 발의자 | 처리상황 | 관련문서첨부여부 |
|---|---|---|---|---|---|
|  |  |  |  |  |  |
|  |  |  |  |  |  |
|  |  |  |  |  |  |

**Change**

| Change # | 제목 | 내용 | 발의자 | 처리상황 | 관련문서첨부여부 |
|---|---|---|---|---|---|
|  |  |  |  |  |  |
|  |  |  |  |  |  |
|  |  |  |  |  |  |

**Risk**

| Risk # | 제목 | 내용 | 발의자 | 처리상황 | 관련문서첨부여부 |
|---|---|---|---|---|---|
|  |  |  |  |  |  |
|  |  |  |  |  |  |
|  |  |  |  |  |  |

주간회의와 함께 보고되는 진척보고서 양식은 위 그림과 같으며, 월간회의와 함께 보고되는 진척보고서 양식은 다음 그림과 같다.

[그림 2-13] 월간회의와 진척보고서 양식

**위기, 이슈, 변경**

| | 위기 | | | | 이슈 | | | | 변경 | | | |
|---|---|---|---|---|---|---|---|---|---|---|---|---|
| | 발의 | 처리 | 진행 | 기타 | 발의 | 처리 | 진행 | 기타 | 발의 | 처리 | 진행 | 기타 |
| 전체 | | | | | | | | | | | | |
| 금월 | | | | | | | | | | | | |

**전체요약**

| | | 상태 | | | 계획 (%) | 실적 (%) | 차이 (%) | 비고 |
|---|---|---|---|---|---|---|---|---|
| | | Green | Yellow | Red | | | | |
| Core 부문 | 요구분석 | | | | | | | |
| | 기본설계 | | | | | | | |
| | 상세설계 | | | | | | | |
| | 구현 | | | | | | | |
| | 테스트 | | | | | | | |
| N/W 부문 | 요구분석 | | | | | | | |
| | 기본설계 | | | | | | | |
| | 상세설계 | | | | | | | |
| | 구현 | | | | | | | |
| | 테스트 | | | | | | | |

**전체진척**

| 지난 달( 월) | | 이번 달( 월) | | 다음 달( 월) |
|---|---|---|---|---|
| 계획 | 실적 | 계획 | 실적 | 예상 |
| | | | | |

**주요 일정**

| 마일스톤 | 승인된 일정 | 수행 실적 | 예상 | 상태 |
|---|---|---|---|---|
| | | | | |
| | | | | |
| | | | | |
| | | | | |
| | | | | |

## [그림 2-13] 월간회의와 진척보고서 양식

### 변경 상세

| Change ID | 변경명 | 내용 | 발의일 | 발의자 | 처리상황 |
|---|---|---|---|---|---|
|  |  |  |  |  |  |
|  |  |  |  |  |  |
|  |  |  |  |  |  |
|  |  |  |  |  |  |
|  |  |  |  |  |  |

### 이슈 상세

| Issue ID | 이슈명 | 내용 | 발의일 | 발의자 | 처리상황 |
|---|---|---|---|---|---|
|  |  |  |  |  |  |
|  |  |  |  |  |  |
|  |  |  |  |  |  |
|  |  |  |  |  |  |
|  |  |  |  |  |  |
|  |  |  |  |  |  |
|  |  |  |  |  |  |

### 위기 상세

| Risk ID | 위기명 | 내용 | 발의일 | 발의자 | 처리상황 |
|---|---|---|---|---|---|
|  |  |  |  |  |  |
|  |  |  |  |  |  |
|  |  |  |  |  |  |
|  |  |  |  |  |  |
|  |  |  |  |  |  |
|  |  |  |  |  |  |

[그림 2-13] 월간회의와 진척보고서 양식

| 주요 추진 실적 | | | | |
|---|---|---|---|---|
| W3S ID | 계획 | 실적 | 상태 | 비고 |
| | | | | |
| | | | | |
| | | | | |
| | | | | |
| | | | | |
| | | | | |

## 2.4.9 변경/이슈 로그

프로젝트 실행 중에 계획과 실행의 진척 차이, 새로운 요구사항 추가, 그 밖의 프로젝트 추진에 우려가 되는 요인이 발생하여 보고를 위한 목적으로 사용하는 산출물이다. 우리의 경우 많이 주저하며 작성하는데 경험상 외국의 경우 심할 정도로 사소한 내용까지 Log에 올라오는 것을 심심찮게 볼 수 있다.

Log에 올려지지 않은 이슈나 변경은 프로젝트 후반에 갈수록 우리를 괴롭게 하는 원인이 될 수 있음을 유념하자.

[표 2-32] 변경/이슈 로그 내용

| 항목 | 상세 내용 | 비고 |
|---|---|---|
| 일반정보 | 프로젝트명, 작성자, 작성일, 작성부서, 문서정보 | 공통 |
| 변경관련 | 변경 ID, 변경내용, 우선순위 | 변경로그 |
| 처리관련 | 신청자, 신청일, 현재처리 상황, 해결일 | 공통 |
| 이슈로그 | 이슈ID, 이슈내용 | 이슈로그 |

변경로그의 형태는 다음과 같다.

[그림 2-14] 변경로그 양식

| 변경 로그 | | | | | | 문서번호 | |
|---|---|---|---|---|---|---|---|
| 관련(명칭) | | | | | | | |
| 단계 | | 프로세스 | | Act. ID | | WBS ID | |
| 요청자 | | | 요청(제출)일 | | 승인자 | | |
| 처리완료(예정)일 | | | 처리상태 | | 처리중( )  완료( ) | | |

| | 변경요청내용 | |
|---|---|---|
| | PMO의견 | |
| | 첨부자료 | |
| No | 문서명 | 비고 |
| 1 | | |
| 2 | | |
| 3 | | |

이슈로그의 형태는 다음과 같다.

[그림 2-15] 이슈로그 양식

| 이슈 로그 | | | | | | 문서번호 | |
|---|---|---|---|---|---|---|---|
| 관련(명칭) | | | | | | | |
| 단계 | | 프로세스 | | Act. ID | | WBS ID | |
| 요청자 | | 요청(제출)일 | | 승인자 | | | |
| 처리완료(예정)일 | | 처리상태 | | 발의(  )  처리중(  )  완료(  ) | | | |

| 이슈내용 | |
|---|---|
| PMO의견 | |
| 첨부자료 | |

| No | 문서명 | 비고 |
|---|---|---|
| 1 | | |
| 2 | | |
| 3 | | |

## 2.4.10 변경요청서

변경요청서는 모든 변경 요청을 검토하고, 변경사항을 승인하며, 변경을 관리하는 데 사용하는 통합변경관리 프로세스의 가장 중요한 산출물이다.

[표 2-33] 변경요청서 내용

| 항목 | 상세 내용 |
|---|---|
| 일반정보 | 프로젝트명, 작성자, 작성일, 작성부서, 문서정보 |
| 변경관련 | 변경ID, 변경관련 내용 |
| 영향력관련 | 영역별/분야별 변경에 대한 영향력 분석 |
| 결정 | 승인/거절 |

변경요청서는 대개 3페이지 이상 작성되며, 아래와 같은 항목으로 구성된다. 실무에 적용할 경우 필요한 항목은 추가도 가능하고, 필요 없는 항목은 삭제도 가능하다.

[그림 2-16] 변경요청서 양식

| 변경 요청서 | | | 문서번호 | |
|---|---|---|---|---|
| 관련(명칭) | | | | |
| Act. ID | | WBS ID | | |
| 요청자 | | 요청(제출)일 | 승인자 | |
| 치리완료예정일 | | 치리상태 | 발의( ) 치리중( ) 완료( ) | |

| 변경 범주 | | ☐ 범위 ☐ 품질 ☐ 요구사항 ☐ 비용(원가) ☐ 일정 ☐ 문서 |
|---|---|---|
| 변경 사유 | | |
| **변경 내용** | | |
| 변경 전 | | 변경 후 |
| | | |
| 변경영향 | 일정 | ☐ 영향력 증가 ☐ 영향력 감소 ☐ 수정 ☐ 없음 |
| | 영향에 대한 서술 | |
| | 비용 | ☐ 영향력 증가 ☐ 영향력 감소 ☐ 수정 ☐ 없음 |
| | 영향에 대한 서술 | |
| | 범위 | ☐ 영향력 증가 ☐ 영향력 감소 ☐ 수정 ☐ 없음 |
| | 영향에 대한 서술 | |
| | 품질 | ☐ 영향력 증가 ☐ 영향력 감소 ☐ 수정 ☐ 없음 |
| | 영향에 대한 서술 | |
| 승인여부 | | ☐ 승인 ☐ 거절 |

변경통제위원회

| 이름 | 소속/부서 | 역할 | 서명 |
|---|---|---|---|
| | | | |
| | | | |
| | | | |

제 **3** 장
PMO Fundamental

조직의 모든 업무가 프로젝트로 진행된다고 해도 과언이 아닐 정도로 많은 기관 및 기업은 추진하는 프로젝트에 사활을 걸고 있다.

프로젝트관리에 대한 사용과 적용이 늘어나면서 효율적인 프로젝트관리는 프로젝트의 성공률을 높이고, 나아가 조직의 성과를 향상시키는 것으로 인식되고 있다.

PMO 적용은 바로 이러한 효율을 향상시키는 방법 중 하나로 인식되고 있는데, 특히 과거 프로젝트의 성공이나 실패에 대한 지식을 효과적으로 전달한다거나, 프로젝트 팀에게 프로젝트 수행과 관련된 지원 서비스를 제공한다.

PMO는 프로젝트 수행과 관련된 모든 사람과 협력, 협업을 통해 조직이 지향하는 목적에 맞게 프로젝트를 성공시킨다. 만일 PMO가 관리 감독 중심으로 지나치게 관료화된다면 초기의 프로젝트관리기법이 어려움을 겪었듯이 PMO 또한 어려운 순간을 맞을 것이다.

최근 동시에 여러 시스템을 개발하거나 차세대 시스템과 같은 대규모 정보시스템 개발 프로젝트가 일상화되고 있어 여러 프로젝트 간 혹은 단위시스템 간 유기적인 연계성 확보 및 일관된 아키텍처 적용, 프로젝트 위험관리 등의 측면에서 PMO의 전략적 중요성이 높아지고 있다. 이에 많은 기관 및 기업에서 성공적인 프로젝트 완수를 위해서는 PMO가 필수적인 조건으로 인식되고 있다.

과거에는 PMO가 프로젝트의 일부 기능 지원 또는 외부 자문단의 역할 등 형식적인 역할에 머물렀다면, 지금은 프로젝트의 성공 여부를 가늠하는 중요한 요소로써 PMO 역할이 실질적으로 변화되고 있다.

본 장은 PMO 관련 기본적인 내용으로 PMO 정의, PMO 발전단계, PMO 주요기능, PMO 조직 등을 간단히 언급하고 별도의 장에서 PMO 도입과 운영에 필요한 상세 내용을 연구자료나 사례를 통해 설명하고자 한다.

PMO 개념에 대해서 지금까지 국내외 많은 학자 및 컨설팅 기관에서 다양한 의견을 제시하였는데 그 중 대표적으로 인용되고 있는 정의는 아래와 같다.

Bates는 PMO(Project Management Office)란 프로젝트관리 능력을 향상시키고 발전시키기 위한 실질적인 사항을 제시하여 주는 프로젝트 근간의 조직이며, PMO를 운영한다는 것은 해당 회사의 프로젝트관리 방법을 공식화한다는 것이라고 정의하였다(Bates, 1998).

PMI의 Program Management Office Specific Interest Group에서는 PMO를 기업 내에서 진행 중인 모든 프로젝트 통합 및 프로젝트 포트폴리오를 관리하는 조직으로 정의하고 이러한 조직의 목표를 수행하기 위해 프로젝트 방법론, 프로세스 및 절차, 통제, 도구, 인력, 교육훈련 등의 기능을 수행하여야 한다고 정의하였다.

Gartner는 조직 내의 프로젝트관리 업무를 통합하기 위해 설계된 공유 역량이라고 정의하였다.

앞에서 언급하였듯이 아직 PMO에 대한 국제표준 정의는 없다. 미국 PMI가 2008년에 정의한 것에 의하면 PMO는 서로 연관된 여러 프로젝트 또는 개별 프로젝트를 관리하고 책임을 지는 조직 또는 주체로 프로젝트 관련 기능 지원부터 직접 프로젝트관리를 수행하여 책임을 지는 조직 또는 주체로 정의하고 있다. 그 외에 여러 학자들은 각각 PMO를 다음 표와 같이 정의하고 있다.

[표 3-1] PMO 정의

| 연구자/기관 | PMO 정의 |
|---|---|
| Dinsmore [1999] | 전사 차원에서 프로젝트관리 체계를 표준화하고, 프로젝트 수행 경험을 축적하고, 업무 수행을 위해 필요한 지식과 교육훈련 기회를 제공하고, 이를 통해 프로젝트관리 효율성을 높이기 위한 조직 |
| Ward [2000] | 프로젝트를 지원하기 위한 전문성을 보유한 조직으로, 프로젝트관리자와 팀을 지원하고, 해당 프로젝트가 조직의 정책과 표준에 부합하도록 적절한 통제 활동 수행 |
| Orwig & Brennan [2000] | 프로젝트 수행을 위한 중심 조직으로, 프로젝트의 지속적인 향상을 위한 체계적 지원과 리더십 제공 |
| Kwak and Dai [2000] | 이전 프로젝트 계획의 기록과 공유, 이전 프로젝트 성과의 기록과 공유, 이전 프로젝트의 이슈 또는 문제 목록 기록과 공유, 프로젝트 이력 문서 보관 데이터베이스 유지, 기술과 템플릿에 대한 설명 등의 역할 수행 |

이러한 PMO에 대한 여러 정의를 종합하여 보면, PMO란 품질관리에서부터 위험관리 및 일정관리, 산출물관리 등에 이르기까지 프로젝트 전 분야를 총괄 관리하는 조직으로 프로젝트관리 구축과 프로젝트 수행 중 발생 가능한 위험 요소들에 대한 효과적인 관리 및 통제, 품질 관리를 통해 프로젝트의 성공적인 추진을 지원하는 활동이라 할 수 있다.

또한 프로젝트 사업목표 및 범위를 추적하여 프로젝트 성과 측정, 프로젝트관리 수준 향상 및 목표 품질 달성을 위해 필요한 제반 사항을 실시간으로 지원하며, 프로젝트 단계별 산출물에 대한 독립적인 품질활동을 실시하고, 프로젝트 내 복잡한 이슈 및 위험요소 해결을 집중적으로 관리함으로, 예산과 기간 내에 프로젝트 목표 품질을 달성할 수 있도록 지원하는 프로젝트관리 전담 조직이라고 정의할 수 있다

위의 내용을 참고하여 저자의 경험에 의해 PMO를 정의해 보면 프로젝트의 성공적인 수행을 위한 조직·주체로 프로젝트 팀과 관리자에 프로젝트 추진 중 발생하는 문제를 해결하기 위해 필요한 지식과 교육을 제공하고, 프로젝트를 안정적으로 추진하기 위해 프로젝트 수행과 관련된 각종 문서의 관리 및 공유, 관련 기술, 관련 템플레이트, 멘토링, 코칭을 지원하고, 프로젝트의 안정적인 기반 조성을 위해 프로젝트관리 프로세스의 표준화와 방법론 등을 지원하는 것이다.

## 3.2 PMO 종류와 진화 그리고 발전

PMO는 1970, 80년대에는 PO(Project Office)라는 이름으로, 그 다음은 관리적인 면보다는 지원을 강조한 PSO(Project Support Office)로, 최근에는 다양한 전문가들이 모여 문제를 조기에 해결하는 PMO로 발전하고, 앞으로는 다중 프로젝트간 자원의 효율성이 강조, 기업의 전략과 부합하기 위한 Project Portfolio Office 그리고 Project Governance까지 발전하고 있다.

### Project Office (PO)

1980년대, PO는 건설이나 국방관련 분야 프로젝트 추진을 위한 조직으로 탄생되었다. 그 예로 F-16 전투기 프로젝트는 F-16 PO, 미국 에너지국의 초대형 초전도 입자 가속기 프로그램은 미국 에너지국(U.S Department of Energy) PO에서 관리했다. 고층건물, 공항, 상수도 설비의 신축 공사도 PO의 조정과 통제를 받았다.

PO는 다양한 영역(일정계획, 예산편성, 변화관리 등)에서 프로젝트관리의 기준을 세우고 프로젝트를 관리하였으나 대부분 프로젝트가 실패하였다. 왜냐하면 프로젝트관리 기준을 마련하려는 욕심이 지나쳐 "관리를 위한 관리"의 형태로 엄청나게 많은 자료를 프로젝트 추진 팀과 관리자에게 요구하였다. 지나치게 관료화되어 엄청나게 많은 기준, 규칙과 관련 문서로 인해 프로젝트 추진에 많은 방해를 초래해 상황을 더욱 악화시킨다는 사실을 깨달았다. 그래서 급기야 많은 기업, 기관에서 PO조직을 폐지하기로 했다.

### Project Support Office (PSO)

1980년대의 PO는 1990년대에 PSO로 부활했다. PSO는 관료지향적인 PO와는 달리 프로젝트 수행자들이 보다 효과적으로 작업을 수행하도록 '지원'에 더 큰 비중을 두었다. 프로젝트관리자 및 스태프들은 회사의 이런 시도에 대해서 신뢰감을 갖고, PSO가 작업을 더 원활하게 만든다는 사실을 깨닫게 되면서 PSO는 성공을 거두게 되었다.

## Project Management Office (PMO)

2000년대에 들어 PSO는 다양한 레벨에서 운영될 수 있는 PMO로 발전하여 교육, 소프트웨어, 표준화된 정책 및 절차 등의 형태로 프로젝트관리 지원 기능을 제공하는 것부터 프로젝트 목표 달성을 위해 프로젝트를 직접 감독하고 책임지게 되었다. 경우에 따라 PMO는 프로젝트 착수 단계에서 이해관계자 역할과 의사 결정자 역할을 수행할 권한을 위임받을 수 있고, 의사결정 의견을 제시할 권한이 있을 수 있으며, 또 사업 목표를 지속적으로 유지하기 위해 필요하면 프로젝트를 중단할 수도 있다. 또한 필요에 따라 프로젝트 담당자나 전담 프로젝트 담당자의 선정, 관리 및 재배치에도 참여하게 되었다.

## PMO의 진화와 발전

Gerald Hill은 PMO 발전단계를 5단계로 PO, Basic PMO, Standard PMO, Advanced PMO 그리고 Center of Excellence로 구분하고 있다.

[그림 3-1] PMO 진화

| 프로젝트 관리 | 프로세스 통제 | 프로세스 지원 | 업무 성숙 | 전략적 연계 |
|---|---|---|---|---|
| **Stage 1**<br>**Project Office**<br><br>특정 프로젝트 중심<br>결과물, 비용, 일정<br>통제 중심, 자원의<br>효용성<br><br><br>•1개 혹은 그 이상의<br>프로젝트<br>•1명의 프로젝트<br>관리자 | **Stage 2**<br>**Basic PMO**<br><br>관련된 모든<br>프로젝트에 표준화<br>된 PM 방법론의<br>체계적인 적용<br><br><br>•복수의 프로젝트와<br>1명 이상의 PM들<br>•프로그램 관리자<br>•스텝을 지원하는<br>시간제 PMO | **Stage 3**<br>**Standard PMO**<br><br>프로젝트 성공을<br>지원할 수 있는<br>안정적인 환경구축<br><br>(조직, 방법론, 도구,<br>외부 전문가 활용)<br><br>•복수의 프로젝트와<br>1명 이상의 PM들<br>•프로그램 관리자<br>•고위의 프로그램<br>관리자<br>•전담 PMO와<br>시간제 PMO | **Stage 4**<br>**Advanced PMO**<br><br>조직의 목적<br>(전략포함)을<br>달성할 수 있도록<br>포괄적인 통합<br>프로젝트 관리<br><br><br>•복수의 프로젝트와<br>•1명 이상의 PM들<br>•프로그램 관리자<br>•고위의 프로그램<br>관리자<br>•전담 PMO의<br>기술 및 지원 인력 | **Stage 5**<br>**Center of**<br>**Excellence**<br><br>비즈니스<br>전략과 목적을<br>전사적으로<br>달성할 수 있는<br>프로젝트 중심의<br>조직 운용<br><br>•다수의 프로그램들<br>•부사장 혹은<br>프로젝트 관리<br>이사<br>•전담 PMO내<br>기술 지원 인력<br>•전사차원의 지원<br>인력 존재 |

Hill은 PMO운영을 위한 5단계 역량모형을 제시하였다.

- 1단계 PMO 성숙도는 'Project Office'로써 일정, 비용, 품질 성취에 한하여 프로젝트를 지원한다.
- 2단계는 'Basic PMO'에서는 표준화된 프로젝트관리 방법론에 따라 프로젝트관리자와 비상근 지원 스텝들이 프로젝트를 수행하게 된다.
- 3단계 'Standard PMO'에서는 학습과 역량개선이 주요 핵심이 된다. 다양한 프로젝트 환경에서 학습된 관리자와 해당 담당자들이 주어진 인프라를 기반으로 하여 프로젝트를 수행하며, 이 단계에서 조직화된 PMO 체계가 비로소 구축된다.
- 4단계 'Advanced PMO'에서는 비즈니스 전략 목표와 통합되어 해당 프로젝트관리에 대한 역량 및 표준화된 방법론을 적용하는 단계이다. PMO 감독관이 주어진 프로젝트에 대한 통제방안을 수립하고 이를 각 프로젝트관리자에게 담당 프로젝트와 비즈니스 연계성을 강조하게 된다.
- 5단계 'Center of Excellence'에서는 전략적 비즈니스 목표 달성을 위해 비즈니스 연속성과 부서 협력을 통제 및 관리하는 단계이다. 이 단계에서는 PMO 조직이 기업의 전략 방향성 및 미래의 비전에 영향을 주며, 부서별로 이러한 방향성을 협력 또는 관리하는 단계이다.

모든 조직이 5단계 역량 모형을 구축할 필요는 없으며, 대부분의 조직에서는 3단계 역량 모형의 PMO가 적합하다. 또한 3단계 PMO에서는 프로젝트 자원관리, 실행, 통제 기능 등의 역할을 수행해야 한다.

**PMO 도입모델**

PMO에는 3가지 기본모델이 있다.

첫 번째는 기상대 모델(Weather Station Model)로 소수의 전문인력으로 운영되며, 프로젝트 계획이나 운영에 대하여 권한이나 영향력을 행사하지 않고, 진행상황에 대한 정보만 확보하여 조직 내에 필요한 곳에 제공한다.

[그림 3-2] 기상대 모델

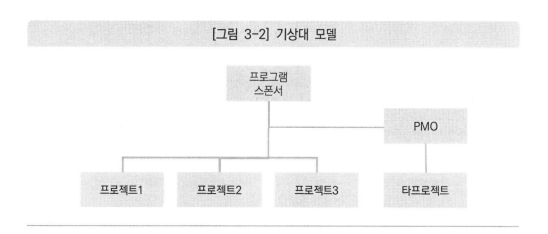

[표 3-2] 기상대 모델

| 비고 | 설 명 |
|---|---|
| 역할 | -조언자 역할<br>-직접적인 권한이나 책임을 갖지 않으며 내부 컨설턴트의 역할만 담당<br>-PMO 조직은 프로젝트 계획 및 수행에 참여하지는 않으나 개별 프로젝트 정보를 수집하여 통합 계획의 형태로 관리<br>-PMO 조직이 프로그램 레벨의 커뮤니케이션을 지원 |
| 기능 | -기본 기능 : 이슈관리, 위험관리, 의사소통관리, 품질관리(optional)<br>-부가 기능 : 성과관리(optional), 변화관리(optional) |
| 장점 | -소수의 전문인력으로 운영<br>-프로젝트관리 관련 지식을 보급 |
| 단점 | -프로젝트 별 진행상황에 국한하여 기본적인 정보만 제공 |

두 번째는 코치 모델(Coach Model)인데 이는 기상대 모델의 확장 개념으로서 기상대 모델보다 큰 조직 규모로 운영되며, 조직 안에 공통된 방법론과 소프트웨어 도구를 사용토록 전파한다. 코치 모델은 각 프로젝트 팀의 의사소통을 중계하기 위하여 커뮤니티를 운영하고, 프로젝트 성과를 기록하고 모니터링 한다.

[그림 3-3] 코치 모델

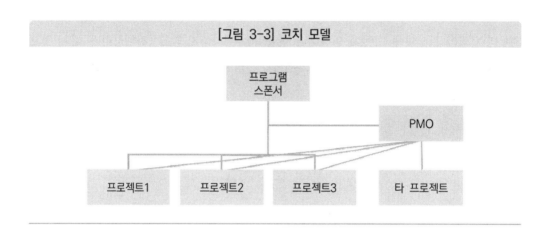

[표 3-3] 코치 모델

| 비고 | 설 명 |
| --- | --- |
| 역할 | -관리자 역할<br>-PMO 인력을 탄력적으로 배치<br>-프로젝트 계획 수립, 스케줄링, 진척관리, 이슈관리, 품질관리, 타 프로젝트와 업무조정, 산출물 검토 및 승인(지원 포함)<br>-PMO 인력은 개별 프로젝트에 대한 계획, 상태 및 이슈보고, 산출물 확인 및 프로젝트간 연결관계 파악/조정 등 결과를 PMO 책임자에게 보고하고, PMO 책임자는 고객에게 보고 |
| 기능 | -기본 기능 : 품질관리(opt), 범위관리(opt), 일정관리(opt), 자원관리(opt), 이슈관리, 위험관리, 의사소통관리<br>-부가 기능 : 기술자문(opt), 성과관리(opt), 변화관리(opt) |

주) opt : option

세 번째, 작전본부 모델(Control Tower Model)은 모든 프로젝트에 관여하며, 프로젝트 의사결정에 깊이 개입한다. 모든 프로젝트는 동일한 방법론을 적용하며, 프로젝트 계획 정보나 진행 정보가 중앙집중적으로 관리되고, 프로젝트에 투입될 자원을 조정하고 결정한다.

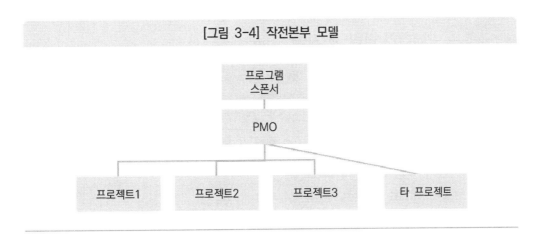

[그림 3-4] 작전본부 모델

[표 3-4] 작전본부 모델

| 비고 | 설 명 |
|---|---|
| 역할 | -책임자 역할<br>-Weather Station/ Coach Model 역할은 물론, 프로젝트에 관여하며 프로젝트 관리자 역량 향상 및 훈련 지원<br>-PMO 조직이 단위프로젝트를 관리하고, 그 결과를 프로그램으로 총괄하여 프로그램 Sponsor에게 보고<br>-PMO 조직이 Project Sponsor의 역할을 일부 분담하고 프로그램 Sponsor가 프로젝트 관련 세부 진행 업무에 전임으로 전념할 수 없을 경우 효율적으로 활용될 수 있음 |
| 기능 | -기본 기능 : 품질관리, 범위관리, 일정관리, 자원관리, 벤더관리(opt), 이슈관리, 위험관리, 의사소통 관리<br>-부가 기능 : 기술자문, 성과관리, 변화관리(opt) |

주) opt : option

이러한 세 가지 PMO 모델 중 어떤 종류의 PMO가 조직 문화에 적합한가를 결정하는 것이 매우 중요하다.

효율 및 개선효과를 크게 바라지 않거나 시작하는데 따른 위험을 최소화하고자 하는 경우 기상대 모델이나 코치 모델이 적합하다. 반면, 프로젝트를 직접적으로 통제하는 것이 특징인 작전본부 모델은 PMO가 정기적으로 고위 중역들과 상호작용하면서 프로젝트를 취소하거나 우선순위를 매길 수 있는 파워를 갖고 있는 경우에 가장 큰 효과를 발휘한다.

또한, 대규모 장기 프로젝트인 경우 프로젝트 진행 단계별로 적절한 모델을 선택하여 효율성을 배가할 수 있다. 예를 들어 프로젝트 초반에는 코치 모델을 적용하여 프로젝트 환경을 신속하고 적합하게 세팅하고, 프로젝트 중반 이후에는 작전본부 모델을 적용하여 테스팅 등을 철저하게 실시하는 방식을 사용할 수 있다.

오늘날 PMO는 80년대 PO, 90년대 PSO와 상당한 차이를 갖는다. PMO의 주요한 임무는 프로젝트를 감독하고 지시하는 것이 아니라 프로젝트의 수행을 지원하는 것이다. PMO는 프로젝트 수행에 대해서 직접적인 책임을 지지 않는다. 그러나 기관/기업 전체 프로젝트 관리를 지원하는 책임을 갖고 있다.

PMO 역할은 프로젝트관리와 관련된 성공사례 정보를 제공하는 것부터 공식적인 포트폴리오 관리 검토 작업 수행까지 아주 광범위하다.

이는 PMO가 회사 내에서 수행되는 모든 프로젝트에 지원 임무를 맡고 있다는 것이다.

PMO의 일반적 기능은 다음과 같다.
- 모든 프로젝트의 자원 공유 및 활용
- 프로젝트관리 방법론, 모범적 실무 관행 및 표준 식별 및 개발
- 프로젝트 정책, 절차, 템플레이트 및 관련 문서관리
- 모든 프로젝트의 형상관리
- 중앙에서 전체 프로젝트 위기관리
- 프로젝트관리 소프트웨어 도구의 운영 및 관리
- 프로젝트들 간에 의사소통관리
- 프로젝트관리자 멘토링
- 모든 프로젝트 일정과 예산관리
- 프로젝트관리자와 내/외부 품질 관리 담당자간 프로젝트 품질 표준 조율
- 관련 교육

PMO 역할 및 기능에 대한 연구자료를 살펴보면, Christine Xiaoyi Dai, William G. Wells는 프로젝트 성공적인 관리를 위해 프로젝트관리 표준 및 방법론 개발, 유지 보수 프로젝트 과거 데이터 관리, 프로젝트 일반관리 지원, 인력관리, 프로젝트 자문 및 멘토, 프로젝트관리 교육 시행 등을 PMO 중요기능으로 정의하였다.

PMO는 프로젝트 산출물 품질 관리 역할(Berry and Parasuraman, 1997)과 프로젝트 산출물의 관련자 검토를 위한 중간자적 역할(Chase and Stewart, 1994)을 수행한다.

**[그림 3-5] Gartner의 PMO 역할 정의**

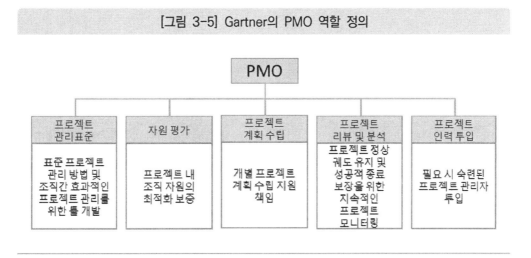

또한 PMO는 프로젝트 중심의 조직으로서 프로젝트의 지속적인 향상을 보장할 수 있도록 구조적 지원과 리더십이 필요하다[Robert A. Orwig and Linda L. Brennan 2000].

PMO의 기본적 기능에 대하여 Gerard M. Hill은 Project Management Methodology 등 20개 기능을 정의하였으며, Turner는 Scope, Organization, Quality, Time, Cost관리를 PMO 기본 기능으로 정의하였다.

Gartner(2002년)는 PMO의 핵심 역할을 프로젝트관리표준, 자원평가, 프로젝트 계획 수립, 프로젝트 리뷰 및 분석, 프로젝트 인력 투입으로 정의하고 있다.

## 3.4.1 PMO 기본 기능

PMO 기본 기능은 단위 프로젝트의 효과적인 통합관리를 위해 9가지 관리항목을 중심으로 계획을 세우고 실행하고, 이를 컨트롤 하는 기능으로 모든 프로그램 관리에 기본적으로 포함되는 사항이다. 각 기능은 PMO에 참여하는 조직(내부/외부)의 특성에 맞도록 적절하게 역할 분담이 이루어지기도 한다.

○ 프로젝트 통합관리

- 다수의 프로젝트가 수행되는 프로그램을 운영하는데 있어 프로젝트관리 활동을 식별, 정의, 결합, 통합, 조정하는데 필요한 프로세스와 활동이다.
- 개별 모듈 및 프로젝트가 전체 프로그램 목표를 달성할 수 있도록 통합적인 관점에서 조정하고, 통합 마일스톤 관리 등 프로그램 차원의 계획에 대한 관리를 수행한다.

○ 프로젝트 범위관리

- 각 프로젝트 범위에 대해 검토 및 확정하고, 범위변경관리를 수행하며, 프로젝트 수행 중 발생하는 신규 요건 및 수행 팀의 불명확한 요건 등에 대해 각 프로젝트 팀간 수행범위와 역할을 통합 및 조정한다.

○ 프로젝트 일정관리

- 프로젝트 일정계획을 수립하고, 정해진 시간 내에 프로젝트를 성공적으로 종료하기 위한 제반 활동으로, 일정 및 진척관리방안을 수립하고, 일정 및 진척을 통제한다.

○ 프로젝트 비용관리

- 프로젝트 비용관리는 프로젝트가 승인된 예산 범위 내에서 완료되도록 지원한다.

○ 프로젝트 품질관리

- 프로젝트가 본래 의도한 목적을 달성하는데 필요한 수준의 품질을 확보하기 위한 품질기획, 품질보증, 품질통제 활동을 수행한다.

○ 프로젝트 인력관리

- 프로젝트에서 필요로 하는 인적자원에 대하여 준비, 변동, 이탈에 대한 내용을 총괄적으로 관리하여 프로그램 전반에 걸친 인적자원 운용 최적화를 도모한다.

○ 프로젝트 의사소통관리

- 회의체 운영, 보고 사항, 문서 수/발신 관리 등 프로젝트 커뮤니케이션 효율화를 위한 관리방안을 수립하여 프로그램 전반에 걸친 효과적인 의사소통을 도모한다.

○ 프로젝트 리스크관리

- 프로젝트 기간 중 발생 가능한 위험/이슈를 사전에 예측하여 예방하고, 발생 시점부터 종료 시점까지 발생된 위험/이슈 요인에 대한 식별 및 평가, 요인의 감소 및 대응 방안, 위험/이슈관리 활동에 대한 모니터링 및 보고 체계를 수립하여 관리하는 활동이다. 프로젝트의 성공적 수행 및 목적 달성을 저해할 수 있는 위험요인에 대한 노출을 최소화한다.

○ 프로젝트 조달관리

- 프로젝트 조직 외부로부터 프로젝트 수행에 필요한 재화와 서비스 획득을 관리한다.

## 3.4.2 PMO 부가 기능

프로그램의 기본적인 관리항목 이외에 부가적으로 프로젝트 진행 중 발생하는 다양한 이슈를 해결하기 위한 사항으로, 주어진 상황과 요구에 따라 추가/삭제될 수 있다.

○ 프로젝트 변화관리

- 조직의 구성원이 신 시스템에 적응하고 변화에 완전히 동조하여 주인 의식을 갖고 스스로 혁신적인 프로세스에 참여하고 적용하여 능동적으로 업무에 임하도록 유도한다.

○ 프로젝트 성과관리

- 프로젝트의 성공적 수행 및 효과적 프로젝트관리를 위해 프로젝트 성과 및 고객 만족도를 제고한다. 프로젝트가 계획된 기간을 준수하며, 정해진 범위와 비용으로 수

행하였는지를 관리하고, 프로그램/프로젝트 일정, 품질, 비용 등 핵심 성공요인에
대해 지속적인 모니터링을 수행한다.

○ 프로젝트 기술자문

- 단위 프로젝트 별 주요 기술에 대한 심도 깊은 자문뿐만 아니라 여러 프로젝트를
통합 관리하는 전사 PMO 관점에서 기술자문을 수행함으로써 기술적 이슈 및 위험
을 해결하며, 기술자문을 통해 시스템 구축 프로젝트에 대한 다양한 기술적 이슈 및
위험 해결 경험 및 노하우를 제공한다.

PMO를 도입함으로써 기대할 수 있는 효과는

① 아키텍처 관점에서 지속적으로 개발 조정 기능을 수행함으로써 전사 통합된 시스템 달성

② 프로젝트 위험을 철저하게 관리함으로써, 비즈니스에 도움을 주는 정보시스템 구축 일정 준수 가능

③ 전사적으로 일관된 방법론 및 표준을 적용함으로써 생산성 및 유지보수성 향상

④ 장기적으로 프로젝트 수행 경험과 노하우를 축적할 수 있기 때문에 정보화 조직의 효율성과 효과성 증진

⑤ 프로젝트 현황에 대한 체계적인 보고체계 구축

⑥ 프로젝트관리 요원의 전문성 향상

⑦ 산출물에 대한 품질 확보 등이 있다.

또한 PMO를 도입하여 생성된 가치는 아래와 같다.

-프로젝트 전체의 가시성 향상

-필요한 자원의 적기, 적소에 활용

-개별 프로젝트관리의 지원

-프로젝트 인적자원에 대한 후방지원 (상담, 멘토, 기술 등)

-프로젝트 문제에 대한 조직 전체의 정확한 인식과 함께 해결

-프로젝트에 필요한 교육제공

-프로젝트 성공을 위한 외부인력의 적재적소 기용

-일정 준수

-프로젝트의 성공보장

프로젝트관리는 프로젝트 수행 주체 중 누가 PMO를 수행하는 것에 따라

첫째, 프로젝트 주관자가 PMO를 수행하는 경우

둘째, 프로젝트 수행자가 PMO를 수행하는 경우

셋째, 제3의 관련자(Outsourcing 업체)가 PMO를 수행하는 경우, 3가지로 구분할 수 있으며, 각 경우에 따라 프로젝트 수행체계 및 책임이 상이하므로 프로젝트 특성에 따라 장단점을 비교, 검토하여 적합한 방법을 선택하여야 한다.

또한, 프로젝트관리 주체인 PMO 책임 및 권한 범위에 따라

첫째, 프로젝트 주관자를 대신하여 모든 책임과 권한을 부여받아 독자적인 관리 활동을 수행하는 전담 PMO,

둘째, 프로젝트 주관자의 의사결정 기준 및 판단에 도움을 주기 위한 지원 PMO로 구분할 수 있다.

[표 3-5] PMO 조직

| PMO 방안 | | 프로젝트 주관자 | 프로젝트 수행자 | 제3의 관련자(외부업체) |
|---|---|---|---|---|
| 조직구성 | | 주관자(PMO) → 수행자(PM) → 과제 과제 과제 | 주관자 → 수행자(PM) → PMO / 과제 과제 과제 | 주관자 → PMO / 수행자(PM) → 과제 과제 과제 |
| 세부 역할 | 주관자 | • 사업총괄관리<br>• 사업관리 총괄<br>(일정, 범위 등 관리) | • 사업총괄 관리 | • 사업총괄 관리 |
| | PMO | • N/A | • N/A | • 사업관리 총괄<br>(일정, 범위 등 관리) |
| | 수행자 | • 사업수행 및 진행 관리 | • 사업수행 및 진행 관리<br>• 사업관리 총괄(일정, 범위 등 관리) | • 사업수행 및 진행 관리 |

자료 : 전자정부사업의 PMO 도입 방안 연구, 2006 일부 인용

## ○ PMO 조직 구성

- PMO조직의 구성은 프로젝트 수행주체 중 누가 PMO의 역할을 수행할 것인가에 따라 3가지(프로젝트 주관자, 프로젝트 수행자, 제 3의 관련자)로 구분된다.
- 공공 정보화 사업의 경우 PMO조직 구성을 위해 별도의 TFT 구성, 전문적인 프로젝트관리의 Know-how 및 IT 전문지식 보유 인력 확보에 제약 사항이 존재하기 때문에 PMO 전문 외부 업체의 도움이 필요할 것으로 예상된다.
- 그러나 실질적인 프로젝트의 총괄관리 및 사업관리의 책임과 권한은 프로젝트 주관 부서에서 담당하고 외부 PMO 전문 업체는 프로젝트 주관자의 의사결정 기준 및 판단에 도움을 주는 지원의 역할을 담당하는 PMO 조직구조를 고려할 수 있다.

## ○ PMO의 인적 구성

인적 구성을 바탕으로, PMO에서는 수많은 직능 및 직위가 존재한다는 사실을 고려해야 한다. 총 책임자, 행정 지원 스태프, 프로젝트 기사, 프로젝트 전문가 등의 직위가 있을 것이다.

## ○ PMO 총 책임자

PMO의 총 책임자는 행정을 적절하게 처리해야 한다. 프로젝트에 관한 문서체계도 잘 알고 있어야 한다. 여기는 경과보고서 제출, 경비가 많이 드는 사항에 대한 검토, 상급 관리 부서에 예산 보고서 제출 등이 포함된다. 그리고 총 책임자는 의견을 조정하기 위해서 회의에도 참석해야 한다.

총 책임자는 프로젝트관리 분야의 경험과 지식을 갖춰야 한다. 이는 상급자, 동료, 부하 직원의 신뢰를 얻기 위해서 중요하다. 그리고 여러 문제를 다루기 위해서도 실무에 대한 경험이 중요하다.

PMO의 총 책임자는 의사소통 기술을 가져야 한다. 즉, PMO에 필요한 사항과 지원실의 활동을 상급 관리자나 동료들에게 알리는 역할을 해야 한다. 즉, 지원실 활동이 적극적으로 이뤄질 수 있도록 하는 것이다. 총 책임자는 판매 영업사원 역할과 비슷하다. 회사 전체를 대상으로 PMO 가치를 판매하는 영업사원이다.

## ○ 행정 지원 스태프

PMO가 프로젝트 팀에게 제공하는 업무의 대부분은 행정적 지원이다. 행정 지원 스태프가 일정계획, 예산편성, 작업시간표, 여러 가지 일들을 처리하면, 그들은 프로젝트 수행자들이 자신의 직무에 열중하도록 만들 것이다.

행정 지원 스태프는 사무지원 기술에 대해서 잘 파악하고 있어야 한다. 스프레드시트, 워드프로세서 및 그래픽 소프트웨어 패키지 등을 잘 활용해야 한다. 그리고 스케줄 소프트웨어에 대해서도 이해해야 한다. 결론적으로 직무를 빠르게 이해하고 습득하는 것이 중요하다.

## ○ 프로젝트 기사(技士)

프로젝트 기사는 대학을 졸업하고 프로젝트관리를 처음으로 수행하는 사람들이다. 그들은 프로젝트에서 잡무를 담당하고, 프로젝트 팀의 일정 및 예산을 계획하는 일을 돕거나 자원배분 계획에 참여한다. 그들은 이러한 과정을 통해서 프로젝트관리 기법을 능숙하게 사용할 수 있어야 한다. 그리고 프로젝트 팀을 도와서 프로젝트 개시 단계에서 계획수립에 참여하고, 프로젝트의 진행성과를 검토한다. 프로젝트 기사는 3~5년가량 일하면서 현장 경험을 쌓은 후, 시니어 프로젝트 기사로 활약한다.

## ○ 프로젝트 전문가

프로젝트 전문가는 프로젝트관리에서 충분한 현장 경험을 갖고 있어야 한다. 대부분의 능숙한 전문가들은 규모가 큰 복잡한 프로젝트에서 10~15년 정도의 경험을 가진 사람들이다. 프로젝트 전문가는 주기적으로 '타당성 검토'를 한다. 그들은 타당한 것과 그렇지 않은 것을 잘 알고 있다. 그들은 프로젝트 작업을 검토하면서 프로젝트의 강점과 약점을 파악하고, 프로젝트의 효율성을 강화하기 위해서 제안할 수 있다.

만일 경험이 부족하면, 5년 정도 현장 프로젝트에서 수습으로 활동할 필요가 있다. 경험이 부족한 초기에는 프로젝트 팀 작업을 계획하고 관리하는 일을 돕는다. 이 단계에서 가장 이상적인 모습은, 이러한 활동을 통해 핵심적인 기법을 습득해서, 프로젝트의 정보를 제공하는데 핵심적인 역할을 하는 것이다. 동시에 프로젝트관리 기법에 대한 해결자로 성장하는 것이다.

능숙한 프로젝트관리자는 학사 및 석사 학위를 소지하고 있는 경우가 많다. 회사는 여러 기관에서 주관하는 프로젝트관리 자격 인증서의 취득을 더 많이 요구하고 있다. 예를 들어 PMI의 PMP 인증서는 프로젝트관리에 관한 핵심 역량을 갖추었다는 것을 의미한다.

기업이 프로젝트관리 원칙과 실제를 채택하면, 이제 자사의 직원들과, 고객 및 계약자들의 프로젝트관리 역량을 증강시키는 단계에 접어들게 된다. 대체로 이를 위해서 관리 교육 및 훈련을 행하는 경우가 많다. PMO 기능 중 하나로 효과적인 프로젝트관리 교육 프로그램을 위한 지침을 제공한다.

다음에 제시하는 것은 PMO가 하는 교육 관련 활동들이다.

## ○ 교육과정 수립

조직에 대한 프로젝트관리 역량은 단기간에 향상될 수 있는 것이 아니다. 여러 분야에서 지속적으로 교육 기회를 제공해야 하고 참여자의 열정적인 노력도 필요하다. 프로젝트관리 교육과정은 다음과 같은 사항이 포함된다.

- 프로젝트관리의 기초 : 프로젝트관리 접근법 및 기본적인 기법과 도구들에 대한 소개
- 일정계획 및 비용관리 : 핵심 문제 및 프로젝트의 시간과 비용관리 관련 도구에 대한 심층적인 연구
- 계약 및 수주의 기초 : 계약의 프로젝트관리, 외주 및 하청업자를 관리할 때, 프로젝트 스태프들이 효과적으로 대응할 수 있도록 계약의 기본 원칙 소개
- 소프트 기술 : 프로젝트 수행자가 갖춰야 할 연성 기술에 대한 검토로 협상, 정치적 영향력, 갈등 해결, 팀 빌딩 기술 등이 포함됨
- 프로젝트 실무훈련 : 훈련생들이 효과적인 프로젝트관리에 필요한 주요 기법과 도구들을 활용하여 실무경험을 쌓는 과정
- 위기관리 : 위험관리 프로세스, 위험 파악, 위험 정량화, 위기 대응계획, 위기 대응관리 등의 조망
- 프로젝트관리 사례 및 Case Study : 기업 프로젝트관리 프로세스의 실제 사례 소개. 여기에는 기업이 채택한 프로젝트 수명주기 검토, 양식과 템플릿의 소개 및 관련 문서와 절차 검토가 포함됨.

## ○ 교육 강사 선정 및 교육 프로그램 개발 지원

모든 기업들은 직원 교육에 관해서 한 가지 고민을 갖고 있다. 교육을 적절하게 제공할 수 있는 사람이 누구인지 결정하는 것인데, 여기서 PMO 전문가는 교육자 선정에서 핵심적인 역할을 수행해야 한다. 다음은 교육자를 선정하는데 있어서 고려해야 할 사항들이다.

- 회사 내부에서 교육자를 선정할 것인가, 아니면 외부에서 초빙할 것인가? 대부분의 기업들이 외부 강사를 초빙하여 프로젝트관리를 교육한다.
- 외부강사를 초빙할 때, 어떤 사항을 고려해서 교육자를 선정할 것인가? 여러 가지를 고민해야 한다. 강사료, 유능한 강사 초빙, 체계적인 교육과정의 제공 여부를 살펴야 한다. 그리고 내부 직원만을 위한 세미나로 할 것인지, 공개 세미나로 할 것인지도 결정해야 할 것이다. 이 외에도 여러 가지 문제를 고려해야 한다.

기업은 자사 직원을 대상으로 하는 교육 프로그램에 여러 가지를 주문한다. 즉, 기업은 자사의 환경과 사정에 맞도록 교육과정에 필요한 부분과 불필요한 부분을 구분하도록 요구한다. 프로젝트관리가 포괄적인 교과과정을 교육할 수도 있지만, 기업이 처한 상황에 맞게 어떤 프로그램을 추가하도록 요구할 수 있다. 이 같은 요구는 간단한 사례 연구를 통해서 충분히 충족될 수 있다. 즉, 기업이 현재 처해 있는 상황과 유사한 사례를 들어서 설명하는 것이다. 이는 기업 프로젝트관리 방법론의 핵심적인 성격들을 설명하는 방법으로도 해결할 수 있다. 이때 PMO 전문가들은 교육과정을 주문할 때 주도적인 역할을 해야 한다.

## ○ 프로젝트관리자 양성

대부분 기업에서 프로젝트관리자는 직능에 따라서 특별한 책임을 맡고 있다. 예를 들어, 인터넷 제품을 개발하는 프로젝트관리자는 네트워킹 부서에서 근무하고, 설비 관리에 종사하는 프로젝트관리자는 설비 부서에서 근무한다. 신제품을 출시하는 프로젝트관리자는 마케팅 부서에 소속되어 있다. 각각의 프로젝트관리자는 자신들의 직능에 맞게 부서에 속해 있다. 때문에 이들을 중앙 PMO에 소속시키는 것은 이치에 맞지 않다. 만일 그들이 자신의 기능적 영역에서 자리를 비우면, 사람들과의 관계뿐만 아니라 전문 분야와 관련된 기술도 잃을 수 있다. 인력관리 원칙에 따라, 기존에 소속된 부서에서 일하도록 해야 한다.

프로젝트관리자를 중앙 PMO에 소속시키는 것이 합당한 경우도 있다. 예를 들어 PMO는 정보기술 부서에 속해있고, 정보기술 부서가 모든 프로젝트에 적용되는 시스템 개발 수명주기(System Development Life Cycle, SDLC) 방법론을 따르고 있다고 하자. 이럴 경우 모든 정보기술 프로젝트관리자들을 PMO에서 근무하도록 하는 것도 좋은 방법이다. 그들은 일반적인 프로젝트관리 기법 및 기준에 대해 능숙하기 때문이다. 그리고 다른 정보기술 프로젝트관리자들과 자주 접촉하면서 자신의 프로젝트 작업에 대해 의견을 나눌 수 있다. 인사관리에서 보면, 그들은 핵심인력이다. 그들을 한 부서에 모으면 급여, 보너스 및 보상책이 적절하고 일관된 방식으로 직원들에게 지급될 수 있다.

PMO에 프로젝트관리자들을 소속시키면, 지원실은 2가지 노력을 기울여야 한다.

첫째, 지원실은 인력충원 기관 역할을 할 수 있도록 프로세스를 개발해야 한다. PMO는 스태프들이 가진 기술을 파악하고, 그들의 기술에 맞게 프로젝트에 투입해야 한다. 즉, 프로젝트관리자가 인력 투입을 요청했을 때, 적절하게 응해야 한다. 따라서 지원실은 프로젝트관리자 직무를 정하고, 해당 직무에 적절한 인원이 배치되었는지 지속적으로 확인해야 한다.

둘째, PMO는 프로젝트관리자가 능력을 기를 수 있도록 해야 한다. 지원실은 프로젝트관리자 업무수행을 지원하고, 능력을 키울 수 있도록 책임져야 한다.

업무실적 평가 검토 시스템의 개발 및 운용 : 프로젝트관리자는 업무실적 평가 검토 시스템을 통해 주기적으로 작업을 검토해야 한다. 상급관리자는 업무실적 결과를 통해서 프로젝트관리자가 얼마나 효율적으로 일했는지 알 수 있다. 그리고 프로젝트관리자도 자신의 작업에 대해 피드백을 구할 수 있다.

## ○ 직무 발전경로의 수립 및 운용

기업이 유능하고 경험 있는 프로젝트관리자를 양성하려면, 프로젝트관리자가 '블랙벨트(Black Belt)' 관리자가 될 수 있도록 직무를 발전시키는 경로를 만들어야 한다. 이때 PMO는 프로젝트관리자에게 동기를 유발시켜야 하는데, 이를 테면 PMO가 프로젝트관리자 능력 및 성과를 반영하여 승진시키는 것이다. 이때 프로젝트관리자에게 요구조건을 제시할 수도 있다. 예를 들어, 프로젝트관리 전문가 자격증을 취득하기 위해서는 일련의 교육과정을 이수해야 한다든가, PMI의 자격시험에 합격할 것을 요구할 수 있다.

# 제 4 장
# PMO 실무

Pre-PMO 수행

## 4.1.1 PMO 사업기획 및 계약 단계

### 4.1.1.1 목적

가. PMO 사업목표를 효과적, 체계적으로 달성하기 위하여 PMO사업환경과 고객 분석을 통해 목표시장 선정 및 사업기회를 추출하고, SWOT분석을 통해 사업 기회를 취사선택하여 사업계획(안)을 수립, 수주 가능성에 대하여 리뷰 및 검토 과정을 거쳐 사업계획을 확정하기 위함.

나. 사업계획 목표달성을 위해 PMO사업 입찰공고, 제안요청서를 면밀히 분석하여 경쟁력 있는 제안을 통해 사업 기회에 대한 수주 성공률을 높이고 계약을 체결하기 위함.

### 4.1.1.2 프로세스

(1) 업무 프로세스

| 프로세스 | 프로세스 내용 |
|---|---|
| 사업계획 기획 및 검토 | - PMO사업 환경 및 동향 자료 수집과 분석<br>- 고객의 PMO사업추진 실적 및 계획 자료 수집과 분석<br>- PMO 사업계획 초안 작성<br>- PMO 사업계획 검토<br>- PMO 사업계획 확정 (추가) |
| 제안 및 계약 관리 | - PMO사업기회 발굴 및 분석<br>- PMO 사업 제안서 개발<br>- PMO 사업 제안<br>- 수주 및 계약 체결<br>- 계약관리 |

(2) 업무 흐름도

[그림 4-1] PMO 사업기획 및 계약 업무 흐름

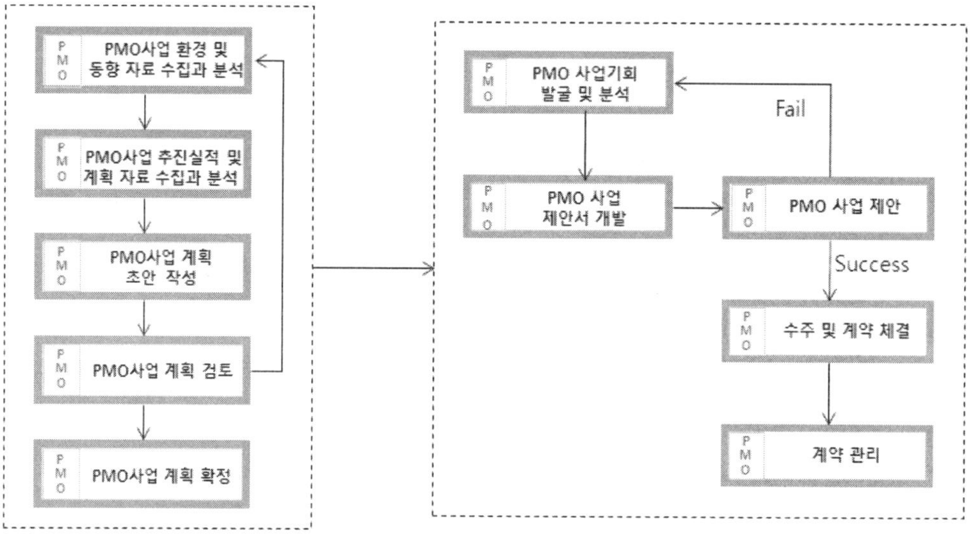

### 4.1.1.3 활동 상세 내용

(1) 사업기획 및 검토

　가. 정의 : PMO 사업동향 및 사업 기회를 분석하여 PMO사업계획 수립.

　나. 선행활동 : 사업기회 분석 자료 수집

　다. 후행활동 : 수주 및 계약관리

　라. 상세내용

| INPUT | 활동명 | OUTPUT |
|---|---|---|
| PMO사업동향<br>PMO사업실적 및 계획 | PMO사업기획 및 검토 | PMO사업계획서 |

　마. 활용 팁

(2) 제안 및 계약관리

　가. 정의 : PMO 사업계획 목표 달성을 위해 제안 활동 및 계약을 관리한다.

　나. 선행활동 : PMO사업 제안

　다. 후행활동 : 사업목표 관리

　라. 상세내용

| INPUT | 활동명 | OUTPUT |
|---|---|---|
| 사업기회 분석표<br>제안서 | 제안 및 계약 관리 | 기술협상 자료<br>계약서 |

　마. 활용 팁

　　○ 다양한 채널을 통한 PMO사업추진 동향 파악 및 지속적인 모니터링

　　○ PMO사업계획 수립에 대한 고객 사전기획 지원 강화

　　○ PMO제도 관련 교육 및 제도개선 과제 참여 및 지원역할 증대

## 4.1.1.4 관련 법령 및 규정

　○ 「전자정부법 시행령」 제78조의3(전자정부사업관리자의 자격요건)

　○ 「소프트웨어산업진흥법」제24조의2 (중소 소프트웨어수행사의 사업참여 지원)
　　제3항

　○ 「소프트웨어산업진흥법 시행령」 제17조의6(상호출자제한 기업집단의 참여제한)

　○ 위탁규정 제3장(위탁용역 대가의 산정), 제13조(전자정부사업관리 수행조직
　　구성 등), 제14조(전자 정부사업관리자의 업무)

　○ 「행정기관 및 공공기관 정보시스템 구축·운영 지침」 제8조(보안성 검토 및 보
　　안관리), 제18조(평가 배점)), 제27조(입찰공고 기간)

　○ 「대기업인 소프트웨어수행사가 참여할 수 있는 사업금액의 하한」

## 4.1.2. 준비 및 사전 기획 단계

### 4.1.2.1 목적

주관기관이 본사업을 추진하기 위하여 사업기획서를 바탕으로 제안요청서를 작성하고, 제안서 접수 및 평가를 통해 최종 수행사를 선정하는 단계에서 주관기관과 수행사 사이에 원활한 협상을 위해 PMO는 주관기관이 준비하는 일련의 과정을 지원하고 자문 역할을 수행하기 위함.

### 4.1.2.2 프로세스

(1) 업무 프로세스

| 활동 | 활동 내용 |
|---|---|
| 본사업 관련자료 수집 | · 수집대상 자료목록 작성<br>· 수집대상 자료제공 요청 |
| 본사업 기획 및<br>타당성 검토 | · 사업의 타당성 검토<br>· 사업범위 및 적용기술의 적절성 검토 |
| 제안요청서(RFP) 작성 | · 제안 요구사항 작성<br>· 평가요소 및 평가방법 설정<br>· 제안절차 및 제약조건 설정 |
| 기술협상 및 계약 지원 | · 기술협상 자료 검토<br>· 계약서 검토 및 지원 |

(2) 업무 흐름도

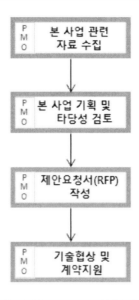

### 4.1.2.3 활동 상세내용

(1) 본사업 관련자료 수집

　가. 정의 : 본사업 추진 내용을 파악하기 위하여 관련 자료를 수집한다.

　나. 선행활동 : 없음

　다. 후행활동 : 본사업 기획 및 타당성 검토

　라. 상세내용

| INPUT | 활동명 | OUTPUT |
|---|---|---|
| OPA (Operational Process Asset) | 본 사업 관련 자료 수집 및 리뷰 | 수집 자료 |

마. 활용 팁

    ○ OPA에서 최신 2년간 자료만 활용

## (2) 본사업 기획 및 타당성 검토

가. 정의 : 본사업 추진 타당성을 검토하여 본사업 추진 기획을 지원한다.

나. 선행활동 : 본사업관련 자료 수집 및 리뷰

다. 후행활동 : 제안요청서(RFP) 작성

라. 상세내용

| INPUT | 활동명 | OUTPUT |
|---|---|---|
| 사업기획서,<br>유사 사례<br>수집 자료 | 본사업 기획 및 타당성 검토 | 타당성 검토 보고서 |

## (3) 제안요청서(RFP) 작성

가. 정의 : 본사업 발주에 필요한 제안요청서(RFP)작성을 지원한다.

나. 선행활동 : 본사업관련 자료 수집 및 리뷰

다. 후행활동 : 기술협상 및 계약 지원

라. 상세내용

| INPUT | 활동명 | OUTPUT |
|---|---|---|
| 사업 기획서 | 제안요청서(RFP) 작성 | 제안요청서(RFP) |

마. 활용 팁

    ○ 공공사업일 경우, 관련 법령 및 규정을 Input 자료로 포함함.

## (4) 기술협상 및 계약 지원

가. 정의 : 낙찰자 대상 기술협상자료 작성과 계약관련 자료 작성을 지원한다.

나. 선행활동 : 제안요청서(RFP) 작성

다. 후행활동 : 본사업 계획 리뷰 및 검토

라. 상세내용

| INPUT | 활동명 | OUTPUT |
|---|---|---|
| 제안서 | 기술협상 및 계약 지원 | 기술협상서,<br>계약서 |

마. 활용 팁

○ 소프트웨어 분리 발주대상 확인

○ 정보시스템 감리대상 확인 (정보시스템 효율적 도입 및 운영 등에 관한 법률 시행령 제11조)

○ 기술평가 대상사업 판단 "정보시스템 효율적 도입 및 운영에 관한 법률 시행령" 제 8조(기술평가의 대상사업)에 의거 정보시스템 구축사업을 대상으로 함

○ 주관기관은 전문기술지원기관으로 하여금 기술평가를 위탁 여부 판단

○ 국정원 보안성 검토 의뢰대상 확인


## 4.1.2.4. 관련 법령 및 규정

○ 정보시스템 구축/운영 기술 지침 제 2, 3, 9조

○ 상호운용성 확보를 위한 기술평가기준 해설서

○ 정보화사업 표준화요건 검토지침 제4조(계획단계에서 표준화요건의 검토)

○ 국가를 당사자로 하는 계약에 관한 법률 시행규칙 제 84조(소프트웨어사업에 대한 소프트웨어 관급)

○ 정보시스템의 효율적 도입 및 운영 등에 관한 법률

○ 상호운용성 확보 등을 위한 기술 평가 기준 제3조(평가방법 등)

○ 상호운용성 확보 등을 위한 기술 평가 기준 제4조(기술평가 결과의 반영)

○ 전자정부법 제27조(정보통신망 등의 보안대책 수립-시행)

○ 전자정부법 시행령 제35조(전자문서의 보관/유통 관련 보안 조치

○ 보안업무규정 시행요강 제4조(보안심의위원회 설치운영)

○ 정보통신보안업무규정 제10조(보안성검토)

○ 정보화사업 표준화요건 검토지침 제4조(계획단계에서 표준화요건의 검토)

○ 행정기관 및 공공기관 정보시스템 구축, 운영 지침 제18조

○ 용역계약 일반조건 제4조

○ 국가계약법 시행령 제50조

○ 협상에 의한 계약체결기준 제15조

## 4.2.1 착수

### 4.2.1.1 목적

가. 착수단계에서 PMO는 본사업 관련 이해관계자들을 파악하고, 프로젝트 진척
관리의 핵심 요소인 원활한 의사소통 관리, 이슈처리 절차를 확립하여 회의 및
보고시 표준화된 소통과 자료 공유 프레임워크, 기본규약 정의, 기본 템플릿을
제공함으로서 본사업 프로젝트 추진을 성공적으로 선도하기 위함.

나. 사업을 원만하게 수행하기 위하여 이해관계자 간 공동 지침을 정하는 것임.
용어, 근무 시간, 휴무/휴가, 이슈 해결 방법 등을 정하여 사업을 수행하는데
이견이 발생하지 않게 하며, 혹시 발생하더라도 이해관계자들 간 기본적인 지
침을 미리 정함.

다. 사업수행에 필요한 기초 교육을 실시하고, 사업 수행 시 우선적으로 필요한
산출물(예: 주·월간 보고서, 회의록, 이슈보고서 등)에 대해 사전에 템플릿을
제공함.

라. 본사업 시작을 공식화하기 위한 킥오프 미팅을 원활하게 수행하기 위해 기획
함. 일정, 장소, 방법 등을 미리 선정하여 킥오프 미팅에서 혼선을 없애고, 원활
한 진행을 위함.

## 4.2.1.2 프로세스

### (1) 업무 프로세스

| 활동 | 활동 내용 |
|---|---|
| 본사업 관련 문서 검토 | · 수집한 본사업 관련 문서 리뷰<br>· 본사업 관련 문서 중 중요문서 검토 및 자문과 지원 |
| 이해관계자 확인 및 영향력 분석 | · 이해관계자 확인 및 분류<br>· 이해관계자 영향력 분석 |
| 이슈 및 의사소통관리 프로세스 검토 | · 이슈관리 프로세스 검토<br>· 의사소통관리 프로세스 검토 |
| 그라운드 룰 정의 | · 이해관계자 필요 사항 수집 및 검토<br>· 의사소통 그라운드 룰 정의 및 배포 |
| 기본교육 및 템플릿 제공 | · 사업 수행에 필요한 기초 교육 실시<br>· 기본 템플릿을 이해관계자에게 배포 |
| 킥오프 미팅 기획 | · 결정된 킥오프 미팅 규모에 따라 참가자, 장소, 시간 선정<br>· 킥오프 미팅 시나리오, 장소, 시간 등 계획 수립<br>· 수립된 킥오프 미팅 계획 배포 및 공유 |

(2) 업무 흐름도

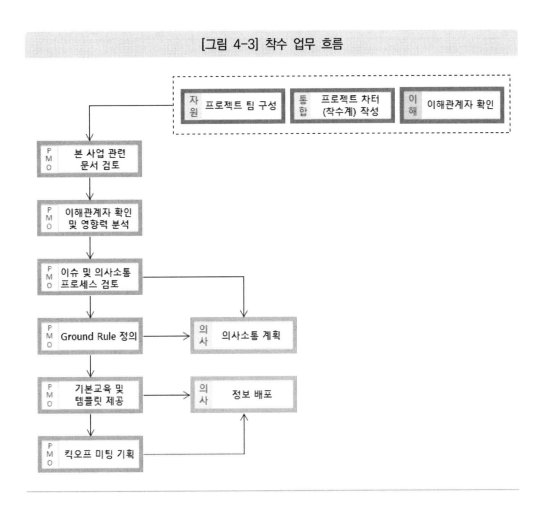

[그림 4-3] 착수 업무 흐름

### 4.2.1.3 활동 상세내용

(1) 본사업 관련문서 검토

　가. 정의 : 본사업 추진 사전 준비를 위해 본사업 관련 자료를 검토한다.

　나. 선행활동 : 본사업 관련 자료 수집

　다. 후행활동 : 이해관계자 확인 및 영향력 분석

　라. 상세내용

| INPUT | 활동명 | OUTPUT |
|---|---|---|
| 수집한<br>본사업 관련 문서 | 본사업 관련문서 검토 | (검토 보고서) |

마. 활용 팁

○ 시작단계에서 리뷰대상 자료는 Preliminary Scope Statement 수준이므로 계획단계에서 좀더 상세하게 검토 및 구체화시켜야 함

○ 프로젝트와 사업추진 목적 및 목표의 명확화 및 연계성 파악이 중요함

○ 착수단계에서 리뷰대상 문서

　- RFP

　- 제안서

　- 기술협상서

○ 착수단계에서 검토 및 자문/지원 대상 문서

　- 사업기획서

　- 이해관계자 목록

　- 프로젝트 팀 편성


(2) 이해관계자 확인 및 영향력 분석

가. 정의 : 본사업 추진에 영향을 주거나 받는 개인. 그룹 또는 조직을 파악하고 프로젝트에 미치는 영향력을 분석하여 문서화 또는 메모하여 관리한다.

나. 선행활동 : 본사업 관련 자료 검토

다. 후행활동 : 이슈 및 의사소통관리 프로세스 검토

라. 상세내용

| INPUT | 활동명 | OUTPUT |
|---|---|---|
| 착수계<br>사업기획서<br>프로젝트 조직도 | 이해관계자 확인 및 영향력 분석 | (이해관계자 영향력 분석서)<br>이해관계자 목록 |

마. 활용 팁

　　○ 프로젝트 조직에서 이해관계자의 역할과 책임을 정의해야 한다.

　　○ 역할과 책임이 정의 되어야 할 이해관계자

　　　- 프로젝트 조직 : 프로젝트 매니저, 프로젝트관리팀, 프로젝트 팀

　　　- 프로젝트 거버넌스 : 프로젝트 스폰서, 프로젝트 운영 위원회 또는 이사회

　　　- 기타 : 고객사 또는 발주처 담당자, 조달업체, 용역업체 등

　　○ 프로젝트 초기나 진행 단계별로 이해관계자를 확인하고 프로젝트 이해도, 관심도, 기대치, 비중 및 영향력을 지속적으로 파악 관리가 필요함.

　　○ 개인 컨설팅(일대일 면담, 보고)이나 비공식 활동(식사, 운동, 취미활동)을 유도하여 영향력 분석이 필요함.

　　○ 프로젝트에 영향력이 큰 이해관계자(스폰서, 또는 최고책임자)를 설득함.


## (3) 이슈 및 의사소통관리 프로세스 검토

가. 정의 : 본사업 성공에 부정적인 영향을 미칠수 있는 요인들을 파악, 이를 관리하기 위한 체계적인 프로세스를 확립하여 발생된 이슈에 대해 프로젝트의 피해를 최소화하고 프로젝트 이해관계자들 간의 의사소통 채널 효율적으로 관리하는 프로세스 정립.

나. 선행활동 : 본사업 관련 자료 검토

다. 후행활동 : 본사업 계획 리뷰 및 검토

라. 상세내용

| INPUT | 활동명 | OUTPUT |
|---|---|---|
| 프로젝트 조직도<br>이해관계자 등록부<br>조직의 역할 기술서 | 이슈 및 의사소통관리<br>프로세스 검토 | 이슈관리 프로세스<br>의사소통관리 프로세스 |

마. 활용 팁

　　○ 이슈관리 목적의 적정성 및 이슈관리에 관한 용어 정의 검토

　　○ 이슈관리 활동에 참여하는 인력의 역할과 책임을 검토

○ 프로젝트 성과관리상 이슈 지표에 대한 목표의 수립 여부 검토

○ 프로젝트의 이슈관리 활동 계획에 대한 검토(예. 담당자, 시기, 활동, 내용, 대상, 조치내역 등)

○ 이슈제기, 이슈분석 및 등록, 해결책 중재 및 실행 등의 활동에 대한 상세 수행 방안에 대한 검토

○ 유형별 이슈관리 실행방안에 대한 확인

○ 이슈 대응관리 절차에 대한 확인

○ 이슈상태 모니터링 및 해결 관리 방안에 대한 확인

○ 모든 프로젝트 참여자로써 본인의 의사 결정 수준에서 결정할 수 없는 사항을 이슈 요인으로 구분

○ 정기회의와 이슈회의를 통하여 지속적인 이슈상태를 모니터링하고, 해결사항을 추적-관리-보고하는 단계로 관리


(4) 그라운드 룰(Ground Rule) 정의

가. 정의 : 본사업을 원만하게 수행하기 위해 이해관계자들이 공동으로 지켜야 하는 용어, 근무시간, 휴무/휴가, 이슈해결 방법 등 기본적인 지침을 미리 정함.

나. 선행활동 : 본사업 관련 자료 검토

다. 후행활동 : 본사업 계획 리뷰 및 검토

라. 상세내용

| INPUT | 활동명 | OUTPUT |
|---|---|---|
| 사업수행계획서 | 그라운드 룰 정의 | 그라운드 룰 |


마. 활용 팁

○ 여러 회사, 협력업체, 프리랜서 등 다양한 이해관계자가 공통적인 대화가 될 수 있도록 공통 용어가 필요함.

○ 공통적인 근로 조건(출퇴근 시간 등), 보안 조건, 공간 조건(회의실 사용 등) 등, 이해관계자의 갈등이 발생하였을 경우, 해소 방법, 절차, 주체 등을 미리 정하여 사업 수행의 이질감을 제거함.

(5) 기본교육 및 템플릿 제공

　가. 정의 : 본사업을 수행하는데 필요한 기초적인 사항을 교육하고, 우선적으로
　　　　　필요한 산출물(회의록, 주/월간 보고서, 이슈보고서 등)을 사전에 템플릿으로
　　　　　제공하는 것임.

　나. 선행활동 : 본사업 관련 자료 검토

　다. 후행활동 : 본사업 계획 리뷰 및 검토

　라. 상세내용

| INPUT | 활동명 | OUTPUT |
|---|---|---|
| 기본 템플릿 | 기본교육 및 템플릿 제공 | 기본 템플릿 배포<br>기본 교육 결과서 |

　마. 활용 팁

　　○ 사업에 적용하는 개발방법론, 보안 교육 등을 기본적으로 참여자에게 교육함.

　　○ PMO가 배포한 기본 템플릿을 사용하여 산출물을 작성하도록 유도함.


(6) 킥오프 미팅 기획

　가. 정의 : 본사업의 시작을 공식화하기 위한 킥오프 미팅을 원활하게 진행하기
　　　　　위해 기획하는 것으로 일정, 장소, 방법 등을 미리 선정하여 킥오프 미팅에서
　　　　　혼선을 없애고, 원활한 킥오프 미팅이 되도록 준비함.

　나. 선행활동 : 본사업 관련 자료 검토

　다. 후행활동 : 본사업 계획 리뷰 및 검토

　라. 상세내용

| INPUT | 활동명 | OUTPUT |
|---|---|---|
| 사업수행계획서 | 그라운드 룰 정의 | 그라운드 룰 |

　마. 활용 팁

　　○ 주관기관 담당자에게 킥오프 미팅 규모에 대해 문의하여 선정된 규모에 적

합한 참가자, 장소, 시간을 결정함.

○ 킥오프 미팅 시나리오, 장소, 시간 등 계획을 수립하여 이해관계자에게 사전에 배포하여 공유함.

○ 프로젝트 팀원뿐만 아니라 주관기관도 함께 참여하는 것이 좋고, 필요하다면 해당 업무 또는 기술 분야 전문가도 참여하는 것이 바람직함.

### 4.2.1.4 관련 법령 및 규정

○ 국가를 상대로 하는 계약에 관한 법률 시행령 제5장(계약의 체결 및 이행)

○ 용역계약일반조건 제50조(계약이행의 관리/감독 및 사업의 품질 확보)

○ 용역계약일반조건 제51조(소프트웨어 사업의 착수 및 보고)

○ 용역계약일반조건 제50조(계약이행의 관리/감독 및 사업의 품질확보)

○ 소프트웨어사업 관리감독에 관한 일반기준 제7조(공급자 관리)

○ 소프트웨어사업 관리감독에 관한 일반기준 제8조(사업 관리)

○ 소프트웨어사업 관리감독에 관한 일반기준 제9조(합동검토)

## 4.3.1 요구사항과 WBS

### 4.3.1.1 목적

가. 발주자의 요구사항은 RFP, 위험, 이슈, 변경, 문서, 의사소통관리 같은 프로젝트 수행과 관련한 다양한 요구사항을 포함, 사용자로부터 모든 요구사항을 수집하고 분석함.

나. 최종 요구사항을 확정하여 범위기술서를 작성하고 이를 수행사에게 제출함.

다. 요구사항 이행을 위해 수행사가 소유한 기술과 자원을 활용할 수 있는 작업단위(work)로 구분, 이를 상위 요소와 하위요소로 구분, 체계화한 WBS를 이용 구체화함.

라. 작업을 체계적으로 관리할 수 있는 단위(Work Package)로 WBS Dictionary를 사용하여 수행자 중심의 최종 사업의 정확한 추진 범위를 프로젝트 초기에 구체화시킴.

## 4.3.1.2 프로세스

### (1) 업무 프로세스

| 활 동 | 활동 내용 |
|---|---|
| 요구사항 검토 | · 프로젝트관련 요구사항을 수집하고 이를 구현 가능 중심으로 검토함 |
| 범위기술서(과업지시서) 검토 | · 프로젝트의 요구사항 및 프로젝트 수행을 위한 요구사항을 포함하여 사업관련 전체요구사항을 검토함. |
| WBS 검토 | · 범위기술서에 있는 요구사항을 수행자 관점에서 요구사항이행여부를 확인하기 위해 작업단위로 구체화하여 체계화함. |
| WBS와 요구사항 매핑 | · 수행사가 정의한 작업단위와 주관기관이 정의한 요구사항을 매핑을 통해 점검함 |
| Work Package 설정 | · 여러 단계의 상하위요소로 상세하게 체계화한 작업단위에서 관리에 필요한 작업단위를 설정함. |
| WBS 및 WBS Dictionary 확정 | · 요구사항과 관련된 작업단위들을 주관기관, 수행사가 최종 점검을 통해 확정함 |

(2) 업무 흐름도

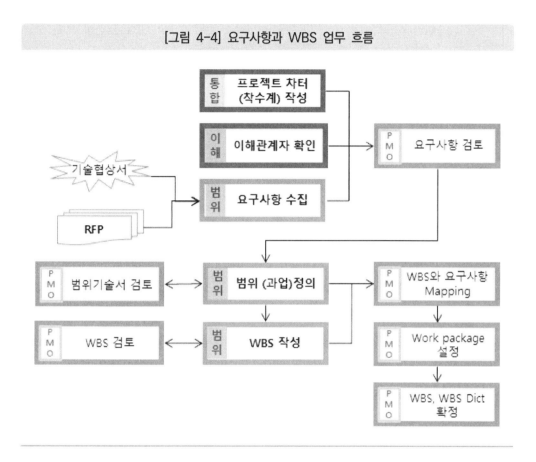

[그림 4-4] 요구사항과 WBS 업무 흐름

### 4.3.1.3 활동 상세내용

(1) 요구사항 검토

　가. 정의 : 본사업을 위해 정의한 요구사항과 추진에 필요한 요구사항, 기타 요구
　　　사항, 특히 누락한 요구사항이 없는 지를 검토함.

　나. 선행활동 : 프로젝트 차터 작성(착수계 작성), 이해관계자 확인

　다. 후행활동 : 범위기술서(과업지시서) 작성

　라. 상세내용

| INPUT | 활동명 | OUTPUT |
|---|---|---|
| 요구사항수집서<br>기술협상자료<br>프로젝트헌장(착수계)<br>RFP<br>OPA | 요구사항 검토 | 요구사항수집서(수정본) |

마. 활용 팁

○ 모든 이해관계자들의 요구사항을 파악하여야 함.

○ 요구사항에는 수행관련 요구사항과 관리를 위한 요구사항도 포함되어야 함.

○ 요구사항은 기능 요구사항뿐만 아니라 비기능 요구사항을 반드시 포함시켜 작성함.


(2) 범위기술서(과업지시서) 검토

가. 정의 : 요구사항 수집서에 정의된 요구사항 중에서 꼭 필요한 요구사항을 포함, 사업추진에 필요한 문서나 절차 등을 포함하고 있는 범위기술서를 점검하고 요구사항의 누락여부나 문제가 야기될 수 있는 이슈 등을 최종 점검함.

나. 선행활동 : 요구사항 수집, 차터작성, 이해관계자 확인

다. 후행활동 : WBS 작성

라. 상세내용

| INPUT | 활동명 | OUTPUT |
|---|---|---|
| 요구사항수집서<br>기술협상서<br>프로젝트헌장(착수계)<br>RFP<br>OPA | 범위기술서(과업지시서)<br>검토 | 범위기술서(수정본) |

마. 활용 팁

○ 범위기술서는 발주자가 작성하는 것을 원칙으로 함.

○ 범위기술서는 초안부터 최종 완성까지 형상관리를 철저하게 해야 함.

○ 관련 문서에서 e-Mail로 주고받은 내용도 공식적인 문서로 정의할 수도 있음.

(3) WBS 검토

가. 정의 : 수행사가 작성한 WBS를 범위기술서에서 정의한 요구사항별로 수행가
능 여부를 검토하고 WBS 전체의 구조(컴포넌트 수, 단계 수 등)나 작업의 중복
성 여부, WBS 작성원칙 등을 검토함.

나. 선행활동 : WBS 작성, 범위정의, (범위정의 검토)

다. 후행활동 : WBS Dictionary 작성

라. 상세내용

| INPUT | 활동명 | OUTPUT |
|---|---|---|
| 범위기술서(과업지시서)<br>차터(착수계)<br>기술협상서<br>WBS<br>OPA | WBS 점검 | WBS 점검보고서 |

마. 활용 팁

○ WBS는 수행사가 작성하는 것을 원칙으로 함.

○ WBS는 초안부터 최종 완성까지 형상관리를 철저하게 해야 함.

○ WBS는 가능한한 같은 단계에서 요소의 수는 5개를 초과하지 않고 수직적
단계는 7개를 초과하지 않는 것을 권장함.

(4) WBS와 요구사항 매핑

가. 정의 : 수행사가 작성한 WBS의 작업단위와 범위기술서에서 정의한 요구사항
과 매핑을 통해 요구사항의 누락, 작업의 중복 등을 점검.

나. 선행활동 : WBS 작성, 범위정의, WBS 검토(PMO)

다. 후행활동 : WBS Dictionary 작성

라. 상세내용

| INPUT | 활동명 | OUTPUT |
|---|---|---|
| 범위기술서(과업지시서)<br>기술협상서<br>범위정의보고서<br>WBS 검토보고서<br>WBS<br>OPA | WBS 점검 | WBS 매핑보고서 |

마. 활용 팁

○ WBS와 요구사항 Mapping은 PMO, 수행사, 주관기관이 모여서 수행하여
야 함.

○ WBS와 요구사항은 부여된 코드별로 매핑을 정리하여야 함

○ WBS는 요구사항의 매핑관계는 1:1 1:N, M:N으로 확인하여야 함.

(5) Work Package 설정

가. 정의 : WBS가 최종 결정되면 WBS Dictionary를 작성할 Work Package를
선정하여야 함. 이를 위해 프로젝트의 범위, 기간, 비용의 불확실한 정도 등을
고려하여 Work Package의 수를 최소한의 규모로 결정해야 함.

나. 선행활동 : WBS 작성

다. 후행활동 : WBS Dictionary 작성

라. 상세내용

| INPUT | 활동명 | OUTPUT |
|---|---|---|
| WBS<br>프로젝트 차터(착수계)<br>OPA | Work Package 설정 | Work Package |

마. 활용 팁

○ Work Package는 합의 원칙을 준수하여야 함.

○ Work Package는 통상적으로 주관기관, 수행사, PMO가 공동으로 결정해
야 함.

○ Work Package는 소규모 프로젝트 일경우 30개 내외 중규모일 경우 50개, 대규모일 경우라도 가급적 100개를 초과하지 않는 것을 권장함

(6) WBS 및 WBS Dictionary 확정

　가. 정의 : 수행사는 작성한 WBS, WBS Dictionary를 주관기관, PMO와 같이 최종 검토하고 확정함.

　나. 선행활동 : WBS 작성

　다. 후행활동 : 활동정의

　라. 상세내용

| INPUT | 활동명 | OUTPUT |
|---|---|---|
| WBS,<br>WBS Dictionary<br>범위기술서<br>OPA | WBS, WBS Dictionary 확정 | WBS,<br>WBS Dictionary(수정본) |

　마. 활용 팁

　　○ WBS와 WBS Dctionary는 100% 원칙과 합의 원칙을 준수하여야 함.

　　○ WBS와 WBS Dctionary는 초안부터 최종 완성까지 형상관리를 철저하게 해야 함.

　　○ WBS와 WBS Dctionary는 통상적으로 주관기관, 수행사, PMO가 공동으로 결정해야 함.

### 4.3.1.4 관련 법령 및 규정

○ 국가를 당사자로 하는 계약에 관한 법률 시행령 제5장(계약의 체결 및 이행)

○ 국가를 당사자로 하는 계약에 관한 법률 시행규칙 제5장 (계약의 체결 및 이행)

○ 용역계약일반조건 제50조(계약이행의 관리/감독 및 사업의 품질확보)

○ 소프트웨어사업 관리감독에 관한 일반기준 제7조(공급자 관리)

○ 소프트웨어사업 관리감독에 관한 일반기준 제8조(사업 관리)

○ 소프트웨어사업 관리감독에 관한 일반기준 제9조(합동검토)

## 4.3.2 납기 점검 및 검토

### 4.3.2.1 목적

가. 본사업이 납기 내에 완료할 수 있는지를 점검하는 프로세스로 수행사가 작성한 공정표를 점검하여 누락된 활동 여부를 검토함.

나. 공정표의 일정계산을 통해 프로젝트가 납기 내에 완료할 수 있는지 여부를 1차 점검하고 납기 내에 완료할 경우 모든 활동에 대한 상세한 일정표를 도출함.

다. 추진하는 프로젝트의 일정의 타당성 여부를 점검하기 위해 원가, 자원소요량을 활용한 S-Curve를 도출, 달성하기 어려운 일정 여부를 판단하고 최종 Baseline을 확정함.

### 4.3.2.2 프로세스

(1) 업무 프로세스

| 활동 | 활동 내용 |
|---|---|
| 프로젝트 공정표 점검 | · 프로젝트공정표는 활동 선후행을 확인하는 문서로 주요 일정, 납기 검토를 위해 필요함. |
| 주요 Milestone 검토 | · 프로젝트 공정표상에 수많은 활동이 있지만 그 중에 프로젝트 추진을 상징적으로 보여주는 중요 일정을 시점 중심으로 검토함. |
| 납기 검토 | · 프로젝트 착수부터 종료에 이르기까지 모든 활동을 선후행 관계로 표시하며 궁극적으로 프로젝트의 납기를 검토함. |
| 상세일정표 검토 | · 프로젝트 착수부터 종료에 이르는 모든 활동에 대해 구체적인 시작일과 종료일, 그리고 여유일 등을 검토함. |
| Work Package 일정 점검 | · 활동의 상세일정표를 기준으로 Work Package의 개시일과 착수일을 점검함 |
| S-Curve 검토 | · 프로젝트의 활동별 예산, 예비비를 상세일정표의 일정을 기준으로 누계로 표시한 S-Curve를 점검함 |
| Baseline 검토 및 확인 | · 최종 S-Curve를 기준으로 범위, 일정, 예산을 최종 확정하는 기준인 Baseline을 검토함.<br>· 요구사항을 확정하는 범위기준선, 납기를 결정하는 일정기준선, 예산을 적절하게 배분하는 예산 기준선을 최종 확정함. |

(2) 업무 흐름도

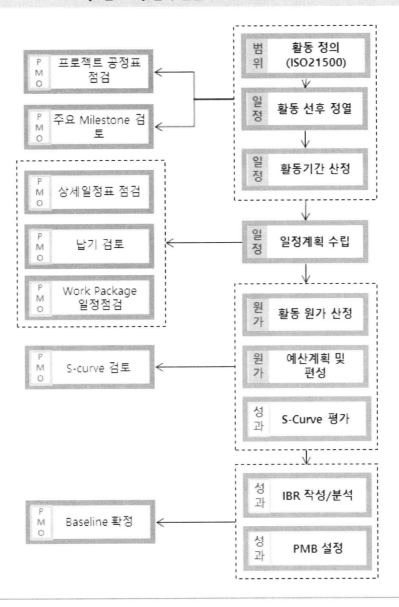

[그림 4-5] 납기 점검 및 검토 업무 흐름

### 4.3.2.3 활동 상세내용

(1) 프로젝트 공정표 (Project Network Diagram) 점검

　가. 정의 : WBS, WBS Dictionary를 기초로 본사업 추진을 위해 수행사가 작성한 프로젝트 공정표를 점검함.

　나. 선행활동 : 활동정의, 활동 선후행 정의

　다. 후행활동 : 자원 요구 산정, 활동 일정 산정(추정)

　라. 상세내용

| INPUT | 활동명 | OUTPUT |
|---|---|---|
| 활동목록표<br>프로젝트 공정표 | 프로젝트 공정표 검토 | 프로젝트 공정표 검토보고서 |

　마. 활용 팁

　　○ 프로젝트 공정표는 PDM(Precedence Diagram Method) 방식에 의해 작성된 착수부터 종료까지 활동간의 선·후행 관계를 정의한 공정표이어야 함.
　　○ Gantt Chart로 작성된 공정표는 사용하지 않음.

(2) 주요 Milestone 검토

　가. 정의 : 프로젝트 공정표를 기초로 프로젝트 수행 시 꼭 준수해야 할 주요 Milestone을 발주자와 수주자가 같이 정하는 활동.

　나. 선행활동 : 활동 선후행정의

　다. 후행활동　납기 검토

　라. 상세내용

| INPUT | 활동명 | OUTPUT |
|---|---|---|
| 프로젝트 공정표<br>프로젝트 착수계<br>계약서<br>범위기술서<br>프로젝트 Milestone | 주요 Milestone 검토 | Milestone일정표 |

마. 활용 팁

○ 프로젝트 공정표는 PDM 방식에 의해 작성된 공정표이어야 함.

○ 마일스톤의 일정은 시점 중심으로 표시하여야 함

○ 마일스톤 일정은 10개 이내로 한정해야 함

## (3) 납기 검토

가. 정의 : 수행사가 작성한 공정표를 이용 프로젝트의 최종 일자가 납기를 준수
하는지 여부를 검토함.

나. 선행활동 : 활동 선후행 정의

다. 후행활동 : 활동 원가 산정

라. 상세내용

| INPUT | 활동명 | OUTPUT |
|---|---|---|
| 프로젝트공정표<br>프로젝트 차터(착수계)<br>OPA | 납기 검토 | 납기검토 보고서 |

마. 활용 팁

○ 프로젝트 납기를 점검하기 위하여 PMIS(Project Management
Information System)를 사용할 수도 있다.

○ 공정표에서 단절된 활동이 있는가를 확인하고 수정하여야 함.

○ 2개월 이상 되는 활동은 상세하게 검토하여야 함.

## (4) 상세일정표 검토

가. 정의 : 프로젝트 공정표에 의한 일정계산으로 납기 달성이 가능하다고 판단되
면 활동별 상세 일정표를 도출하고 관련 일정을 상세하게 검토함.

나. 선행활동 : 프로젝트선·후행 정의, 활동별 일정산정

다. 후행활동 : 활동별 원가 또는 자원소요량 산정

라. 상세내용

| INPUT | 활동명 | OUTPUT |
|---|---|---|
| 프로젝트 공정표<br>주요 Milestone<br>활동목록표 | 상세일정표 검토 | 상세일정표 검토보고서,<br>상세일정표(수정본) |

마. 활용 팁

　　○ 상세일정표는 프로젝트관련 모든 활동의 ES(Earliest Start Time), EF(Earliest Finish Time), LS(Latest Satart Time), LF(Latest Finish Time), TF(Total Float)를 반드시 표시하여야 함.

　　○ 상세일정표는 일정 외에 Critical Path, Critical Activities를 활동마다 표시해야 함.

(5) WORK PACKAGE 일정 점검

　가. 정의 : 상세일정표를 통해 도출된 일정으로 WBS Dictionary를 구성하는 Work Package의 개시일과 완료일을 정리하고 달성여부 등을 검토함.

　나. 선행활동 : 상세일정 계획수립, WBS작성

　다. 후행활동 : 활동별 원가 또는 자원 가용량 산정

　라. 상세내용

| INPUT | 활동명 | OUTPUT |
|---|---|---|
| 프로젝트 공정표<br>상세일정표<br>WBS<br>WBS Dictionary | Work Package 일정 검토 | Work Package (수정본) |

마. 활용 팁

　　○ WBS Dictionary는 Work Package의 일정을 상세일정표를 기준으로 작성하여야 함,

### (6) S-Curve 검토

가. 정의 : 상세일정표 도출 후 활동별 원가나 자원소요량을 납기까지 누계로 도출된 S-Curve를 통해 프로젝트의 조기 리스크 등을 검토함(원가나 자원 소요량 대신 가중치를 사용하여 표시함.).

나. 선행활동 : 상세일정계획수립

다. 후행활동 : Baseline 확정

라. 상세내용

| INPUT | 활동명 | OUTPUT |
|---|---|---|
| 프로젝트 공정표<br>활동별 원가<br>활동별 자원 소요량<br>S-Curve | S-Curve 검토 | S-Curve검토 보고서<br>S-Curve (수정본) |

마. 활용 팁

○ S-Curve의 형태를 보고 프로젝트 추진과 관련된 리스크를 분석함.

### (7) Baseline 확정

가. 정의 : 도출된 S-Curve를 분석하고 대안 S-Curve를 도출, 리스크를 적게 가진 S-Curve를 중심으로 Baseline(원가, 일정, 범위)을 최종

나. 선행활동 : 본사업 관련 자료 수집

다. 후행활동 : 이해관계자 확인 및 영향력 분석

라. 상세내용

| INPUT | 활동명 | OUTPUT |
|---|---|---|
| 프로젝트 공정표<br>활동별 원가<br>활동별 자원 소요량<br>S-Curve | Baseline확정 | Baseline 확정보고서 |

마. 활용 팁

○ 도출된 S-Curve 외에 다른 가능한 S-Curve를 상세일정표를 보고 도출하여야 함.

○ 다른 S-Curve를 도출하기 위해 활동의 여유일이나 자원의 투입 상한 등을 조정하며 도출함.

### 4.3.2.4 관련 법령 및 규정

○ 국가를 당사자로 하는 계약에 관한 법률 시행령 제5장(계약의 체결 및 이행)
○ 국가를 당사자로 하는 계약에 관한 법률 시행규칙 제5장(계약의 체결 및 이행)
○ 용역계약일반조건 제50조(계약이행의 관리/감독 및 사업의 품질확보)
○ 소프트웨어사업 관리감독에 관한 일반기준 제7조(공급자 관리)
○ 소프트웨어사업 관리감독에 관한 일반기준 제8조(사업 관리)
○ 소프트웨어사업 관리감독에 관한 일반기준 제9조(합동검토)

## 4.3.3. 리스크 계획 리뷰 및 검토

### 4.3.3.1 목적

가. 리스크 관리는 위험요인에 대한 식별 및 평가, 위험요인의 대응방안, 위험관리 활동에 대한 모니터링 및 보고 체계를 수립하여 사업의 성공적인 수행 및 목적 달성을 저해할 수 있는 위험요인을 최소화시킴.

나. 관리방안의 주요 대상이 되는 위험요인은 기 계획된 사업비용, 일정 및 퍼포 먼스에 부정적인 영향을 미치는 다양한 이벤트로 정의될 수 있으며, 이러한 다 양한 위험요인에 대한 적절치 못한 관리체계의 구현은 사업 실패의 대표적인 원인으로 이해되고 있음

### 4.3.3.2 프로세스

#### (1) 업무 프로세스

| 활동 | 활동 내용 |
|---|---|
| 선제 위험 요소 리뷰 및 검토 | · 프로젝트 추진과 관련된 리스크를 추진 프로젝트와 유사한 프로젝트의 산출물을 통해 선제 위험요소를 도출한 후 철저하게 분석하고 검토함. |
| 리스크 리뷰 및 검토 | · 프로젝트 추진과 관련되어 정의된 리스크를 발생 빈도와 영향력 중심으로 리스크지수를 도출하고 분석함 |

#### (2) 업무 흐름도

**[그림 4-6] 리스크 계획 리뷰 및 검토 업무 흐름**

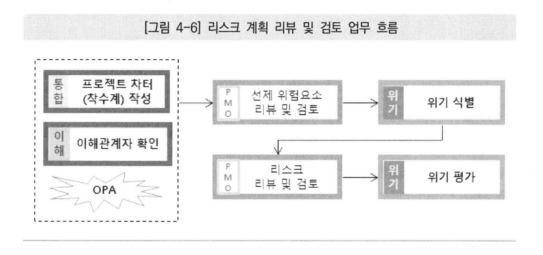

### 4.3.3.3 활동 상세내용

#### (1) 선제 위험 요소 리뷰 및 검토

가. 정의 : 프로젝트 추진과 관련된 리스크를 사전에 조사하기 위해 전에 수행한 유사 프로젝트의 산출물을 이용, 선제 위험요소를 도출하고, 적용 여부를 결정함.

나. 선행활동 : 이해관계자 등록, 범위기술서

다. 후행활동 : 리스크 식별

라. 상세내용

| INPUT | 활동명 | OUTPUT |
|---|---|---|
| 범위기술서<br>전문가 의견<br>OPA | 선제 위험 요소 리뷰 및 검토 | 선제 위험 요소 리뷰 및 검토 검토<br>보고서 |

마. 활용 팁

○ OPA를 통해 수집한 위험 요소를 브레인스토밍을 활용, 결정하여야 함.

(2) 리스크 리뷰 및 검토

가. 정의 : 프로젝트 추진과 관련, 발생할 수 있는 리스크를 사전에 정의한 리스크를 리스크 별로 발생 확률, 영향력 등을 분석하고 검토함.

나. 선행활동 : 리스크 식별

다. 후행활동 : 리스크 등록(Update)

라. 상세내용

| INPUT | 활동명 | OUTPUT |
|---|---|---|
| Risk Log<br>Risk Register<br>OPA<br>전문가 의견 | 리스크 리뷰 및 검토 | 리스크 리뷰 및 검토 보고서 |

### 4.3.3.4 관련 법령 및 규정

○ 국가를 당사자로 하는 계약에 관한 법률 시행령 제5장(계약의 체결 및 이행)

○ 국가를 당사자로 하는 계약에 관한 법률 시행규칙 제5장(계약의 체결 및 이행)

○ 용역계약일반조건 제50조(계약이행의 관리/감독 및 사업의 품질확보)

○ 소프트웨어사업 관리감독에 관한 일반기준 제7조(공급자 관리)

○ 소프트웨어사업 관리감독에 관한 일반기준 제8조(사업 관리)

○ 소프트웨어사업 관리감독에 관한 일반기준 제9조(합동검토)

## 4.3.4. 자원계획서 리뷰 및 검토

### 4.3.4.1 목적

가. 사업에서 필요로 하는 인적자원들에 대하여 준비, 변동, 이탈에 대한 내용들을 총괄적으로 관리하여 사업 전반에 걸친 자원 운용 최적화시킴.

나. 사업 진행 중 수행 인력의 종합적인 관리를 통해 실제 투입된 M/M를 산정, 계획대비 투입 현황을 관리하거나 사업 진행 중 수행 인력의 불가피한 변경 사항이 발행할 경우 인력 변경을 위한 세부 절차 및 인력 변경 승인에 대한 가이드라인을 관리하고자 함

### 4.3.4.2 프로세스

(1) 업무 프로세스

| 활동 | 활동 내용 |
|---|---|
| OBS 점검 | · 프로젝트를 수행할 전체 자원의 OBS(Organization Breakdown Structure)를 보고 자원구성 등 제반 문제점 발생요인을 점검함 |
| 투입자원 리뷰 및 점검 | · OBS에 있는 투입자원의 추진 역량, 투입시기, 투입기간, 철수일 등을 활동별 상세 일정표와 함께 상세하게 검토 |
| RAM 점검 | · 투입이 결정된 중요 자원에 역할 부여의 적절성 여부를 검토함 |

(2) 업무 흐름도

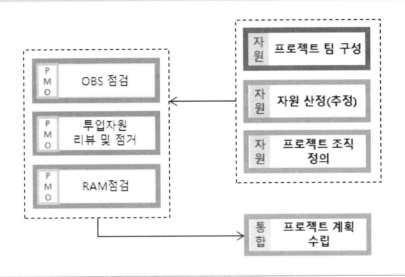

[그림 4-7] 자원계획서 리뷰 및 검토 업무 흐름

### 4.3.4.3 활동 상세내용

(1) OBS(Organizational Breakdown Structure) 검토

　가. 정의 : 수행사의 프로젝트 전체 투입자원의 조직도를 보고 조직의 상하위 구
　성, 할당된 자원의 역량 등을 분석하고 검토함.

　나. 선행활동 : 자원투입산정, 자원 소요량 산정, 수행 팀 편성(착수)

　다. 후행활동 : 프로젝트계획수립

　라. 상세내용

| INPUT | 활동명 | OUTPUT |
|---|---|---|
| OBS<br>자원 투입산정<br>자원 소요량 산정<br>프로젝트 팀 편성 | OBS 검토 | OBS검토 보고서 |

(2) 투입 자원 리뷰 및 검토

    가. 정의 : OBS를 기준으로 프로젝트 수행에 투입될 자원의 역량과 투입 기간, 투입

        일, 투입시기, 투입해제일 등을 활동별 상세일정표를 기준으로 리뷰하고 검토함.

    나. 선행활동 : 수행 팀편성(착수), 자원투입산정, 자원 소요량 산정.

    다. 후행활동 : 프로젝트계획수립

    라. 상세내용

| INPUT | 활동명 | OUTPUT |
|---|---|---|
| OBS<br>자원 투입산정<br>자원 소요량 산정<br>프로젝트 팀 편성 | 투입자원 리뷰 및 검토 | 투입자원 리뷰 및 검토검토 보고서 |

(3) RAM(Resposibility Assignment Matrix) 점검

    가. 정의 : OBS를 기준으로 투입될 자원별로 역할을 검토하고 이를 책임, 수행,

        모니터링으로 구분되었는지를 확인함.

    나. 선행활동 : 수행 팀편성(착수), 자원투입산정, 자원 소요량 산정

    다. 후행활동 : 프로젝트계획수립

    라. 상세내용

| INPUT | 활동명 | OUTPUT |
|---|---|---|
| OBS<br>자원 투입산정<br>자원 소요량 산정<br>프로젝트 팀 편성 | RAM 점검 | (RAM검토 보고서) |

## 4.3.5. 이슈관리 계획 리뷰 및 검토

### 4.3.5.1 목적

    가. 사업 수행 기간 중 이해관계자간 발생 가능한 다양한 이슈를 사전에 예측하고,

        수행사의 이슈 처리 절차 등을 리뷰 및 검토함.

나. 모든 사업은 사업 수행과정 중 범위, 비용, 기간, 인력 등 많은 부문에 거쳐
크고 작은 이슈가 도출되며, 일부 이슈는 연계되는 과업에 영향을 미쳐, 사업
진행상의 변경을 초래하는 문제점을 야기시킬 수 있으므로 본 이슈관리 계획서
에 사업 기간 중 발생하는 모든 이슈의 발생부터 종료까지 효과적으로 관리하
기 위한 정의, 분석 및 의사소통에 따른 절차를 정립함.

### 4.3.5.2 프로세스

(1) 업무 프로세스

| 활동 | 활동 내용 |
|---|---|
| 이슈 목록 점검 | ·발생될 이슈를 등록하고 이슈에 대해 발생일, 처리 완료예정일, 관련자등을 점검하고 검토함. |
| 이슈 처리 절차 점검 | ·등록된 이슈를 관리하고 이슈를 처리할 절차를 검토함, |

(2) 업무 흐름도

[그림 4-8] 이슈관리 계획 리뷰 및 검토 업무 흐름

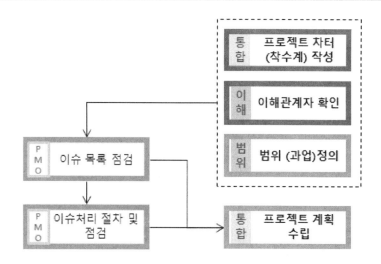

### 4.3.5.3 활동 세부내용

(1) 이슈 목록 점검

　가. 정의 : 본사업 추진 사전 준비를 위해 본사업 관련 자료를 검토한다.

　나. 선행활동 : 프로젝트 차터 작성, 범위정의, 이해관계자 확인

　다. 후행활동 : 프로젝트 계획수립

　라. 상세내용

| INPUT | 활동명 | OUTPUT |
|---|---|---|
| 프로젝트 차터<br>범위기술서<br>이해관계자 등록<br>OPA | 이슈 목록 검토 | 이슈 목록 검토 보고서 |

(2) 이슈 처리 절차 점검

　가. 정의 : 등록된 이슈의 내용을 기초로 처리 절차를 발의, 처리중, 처리, 처리후 결과 등의 절차를 리뷰하고 검토.

　나. 선행활동 : 프로젝트 차터 작성, 범위정의, 이해관계자 확인

　다. 후행활동 : 프로젝트 계획수립

　라. 상세내용

| INPUT | 활동명 | OUTPUT |
|---|---|---|
| 프로젝트 차터<br>범위기술서<br>이해관계자 등록<br>OPA | 이슈 처리 절차 검토 | 이슈 처리 절차 검토 보고서 |

## 4.3.6 의사소통 계획 리뷰 및 검토

### 4.3.6.1 목적

　가. 프로젝트 이해관계자들의 정보 요구사항을 파악하여 필요한 정보를 배포하고, 프로젝트의 성과보고를 수집 및 배포하기 위한 공식/비공식 의사소통 방법을

이해하고, 모든 이해관계자의 의사소통 요구사항/쟁점사항을 분석하여 효과적으로 관리함으로서 프로젝트가 원하는 바를 성공적으로 수행함.

### 4.3.6.2 프로세스

#### (1) 업무 프로세스

| 활동 | 활동 내용 |
|---|---|
| 의사소통 계획 검토 | ·프로젝트 관련 이해관계자 간의 프로젝트 수행 시 발생하는 모든 문제의 공유와 해결, 프로젝트 이해관계 조정과 의사소통을 위한 보고절차, 질의응답 절차, 회의 운영 방안, 방침 전달 절차 등 의사소통을 관리할 수 있는 체계가 수립되었는지 검토 |
| 의사소통 절차 리뷰 및 검토 | ·의사소통 계획의 실행상태를 지속적으로 모니터링하고 의사소통 채널별로 절차를 리뷰하고 검토함 |

#### (2) 업무 흐름도

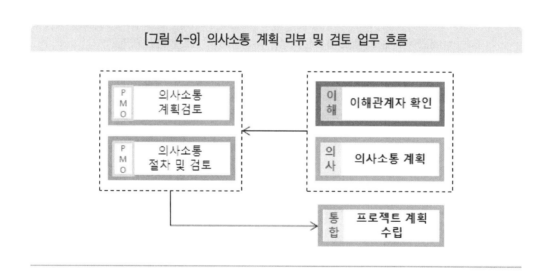

[그림 4-9] 의사소통 계획 리뷰 및 검토 업무 흐름

### 4.3.6.3 활동 상세 내용

**(1) 의사소통 계획 검토**

> 가. 정의 : 프로젝트 수행 시 이해관계자 간 발생하는 모든 문제의 공유와 해결,
> 프로젝트 이해관계 조정과 의사소통을 위한 보고절차, 질의응답 절차, 회의 운
> 영 방안, 방침 전달 절차 등 의사소통을 관리할 수 있는 체계가 수립되었는지
> 검토함.
>
> 나. 선행활동 : 이해관계자 등록, 의사소통계획서 작성
>
> 다. 후행활동 : 프로젝트 계획 수립
>
> 라. 상세내용

| INPUT | 활동명 | OUTPUT |
|---|---|---|
| 이해관계자 등록<br>의사소통계획<br>프로젝트 차터<br>범위기술서<br>OPA | 의사소통 계획 검토 | 의사소통 계획 검토 보고서 |

**(2) 의사소통 절차 리뷰 및 검토**

> 가. 정의 : 의사소통 계획의 실행상태를 지속적으로 모니터링하고 의사소통 채널
> 별로 절차를 리뷰하고 검토함.
>
> 나. 선행활동 : 이해관계자 등록, 의사소통계획서 작성
>
> 다. 후행활동 : 프로젝트 계획 수립
>
> 라. 상세내용

| INPUT | 활동명 | OUTPUT |
|---|---|---|
| 이해관계자 등록<br>의사소통계획서<br>프로젝트 차터<br>범위기술서<br>OPA | 의사소통 절차 리뷰 및 검토 | 의사 소통 절차 리뷰 및 검토 보고서 |

## 4.3.7 품질 계획 리뷰 및 검토

### 4.3.7.1 목적

가. 사업 단계별 산출물에 대한 품질 검증 및 이와 관련된 프로세스의 적정성 검토를 통해, 사업별 주요 요구사항 및 기 수립된 품질기준을 보증하기 위한 조직, 활동, 일정 자원 등에 대한 체계적인 관리방안을 수립하는 것을 목적으로 수행함

### 4.3.7.2 프로세스

(1) 업무 프로세스

| 활동 | 활동 내용 |
|---|---|
| 품질 목표 및 추진 절차 리뷰 및 검토 | · 사업별 추진전략과의 부합성 여부 확인<br>· 내/외부 품질 정책 및 기법의 준수 여부 확인<br>· 품질 체크리스트 수립 및 준수 여부 확인<br>· 시정 조치 수행 계획 수립<br>· 품질 보증 프로세스 준수에 대한 모니터링 |
| 산출물 리뷰 및 검토 | · 프로젝트 수행시 발생하는 개발 산출물, 관리 산출물의 항목, 구성내용 등을 리뷰하고 검토함. |
| 품질 계획서 리뷰 및 검토 | · 품질 계획서를 리뷰하여 관련 사항을 누락 여부 등을 리뷰하고 검토함. |

(2) 업무 흐름도

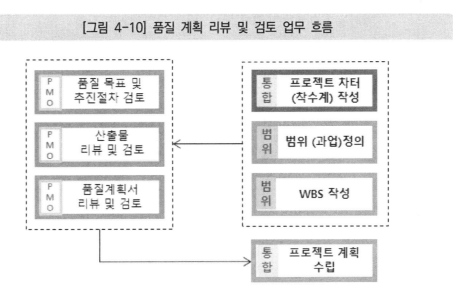

[그림 4-10] 품질 계획 리뷰 및 검토 업무 흐름

### 4.3.7.3 활동 상세내용

(1) 품질 목표 및 추진 절차 리뷰 및 검토

　가. 정의 : 본사업 목표를 달성하기 위해 사업 추진 전략을 검토하고, 이를 위한
　　　체크리스트 등 자료를 검토한다.

　나. 선행활동 : 프로젝트 차터 작성, 범위 정의, WBS 작성

　다. 후행활동 : 프로젝트 계획 수립

　라. 상세내용

| INPUT | 활동명 | OUTPUT |
|---|---|---|
| 프로젝트 차터<br>범위정의서<br>WBS Dictionary<br>OPA | 품질 목표 및 추진 절차 리뷰 및 검토 | 품질 목표 및 추진 절차 리뷰 검토<br>보고서 |

## (2) 산출물 리뷰 및 검토

가. 정의 : 본사업 추진 사전 준비를 위해 본사업 관련 자료를 검토한다.

나. 선행활동 : 프로젝트 차터 작성, 범위 정의, WBS 작성

다. 후행활동 : 프로젝트 계획 수립

라. 상세내용

| INPUT | 활동명 | OUTPUT |
|---|---|---|
| 프로젝트 차터<br>범위정의서<br>WBS Dictionary<br>OPA | 산출물 리뷰 및 검토 | 산출물 리뷰 및 검토 보고서 |

## (3) 품질 계획서 리뷰 및 검토

가. 정의 : 품질 계획서를 리뷰하여 관련 사항을 누락여부 등을 리뷰하고 검토함.

나. 선행활동 : 프로젝트 차터 작성, 범위 정의, WBS 작성

다. 후행활동 : 프로젝트 계획 수립

라. 상세내용

| INPUT | 활동명 | OUTPUT |
|---|---|---|
| 프로젝트 차터<br>범위정의서<br>WBS Dictionary<br>OPA | 품질계획서 리뷰 및 검토 | 품질계획서 리뷰 및 검토 보고서 |

## 4.4. 본사업 수행 및 통제

### 4.4.1 주 월간 진척 점검 및 평가

#### 4.4.1.1 목적

가. 사업진행 중 계획된 일정에 따라 작업이 진행되는지 지속적으로 모니터링 하여 결과를 관리함. 사업수행 중에 필요한 주요 관리 항목을 점검하여 정해진 시간 내에 사업을 종료하기 위함. 위기나 이슈에 대한 징후나 징조를 캐치하기 위함

#### 4.4.1.2 프로세스

(1) 업무 프로세스

| 활동 | 활동 내용 |
|---|---|
| 주·월간 진척 리뷰 및 점검 | ·사업실행에 따른 공정 진척현황 및 경과 모니터링<br>·공정 진척현황에 대한 주관기관에 주기적인 보고<br>·프로젝트 전 체일정, 각 세부 공정의 완료 여부 확인 |
| 사업 진척 평가 | ·프로젝트 각 세부 공정의 수행실적에 대한 평가<br>·지연된 공정, 단계, 부문 등에 대한 만회 방안 도출 및 타당성 확인 |

(2) 업무 흐름도

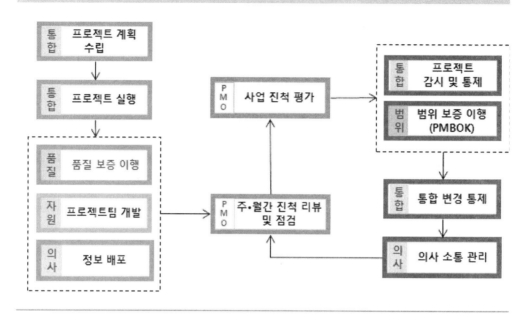

[그림 4-11] 주·월간 진척 점검 및 평가 업무 흐름

### 4.4.1.3 활동 상세내용

(1) 주·월간 진척 리뷰 및 점검

　가. 정의 : 일정계획 대비 진척도 비교분석 및 진행현황을 확인하고 일정 지연의
　　　경우 문제점을 파악함

　나. 선행활동 : 프로젝트 실행, 품질보증 이행

　다. 후행활동 : 사업 진척 평가

　라. 상세내용

| INPUT | 활동명 | OUTPUT |
|---|---|---|
| 관련산출물<br>주/월간보고서 | 주·월간 진척 리뷰 및 점검 | 검토보고서 |

마. 활용 팁

○ 사업 진행 중에 일정 진척도를 지속적으로 모니터링하고, 모니터링 결과를 주관기관에 주기적으로 보고 할 수 있는 체계를 구축해야 함

○ 사업 수행에 중대한 영향을 미치는 주요 이슈사항에 대한 주관기관의 승인을 획득하며 승인된 변경사항에 대한 반영경과가 추적되어야 함

○ 프로젝트 진척에 대한 검토는 주관기관을 포함한 이해관계자와 함께 이루어져야함

○ 해당공정에 대한 인정기준 및 가중치를 주관기관, PMO, 수행사가 사전에 협의하여 서로 인정하는 진척관리체계 구축이 필요함

*예) 해당 공정 시작 10 %*

*산출물 작성 중 40 %*

*수행사(PM) 검토 70 %*

*PMO 검토 80 %*

*품질검토 90 %*

*주관기관 승인 100 %*

*공정율 = 단계별 공정율 × 가중치*

○ 복합과제일 경우 예를 들어, 인프라 구축과 개발 구축을 같은 기준으로 진척율을 관리하면 전체 진척율에 왜곡이 발생할 수 있어, 각 단위 과제별로도 가중치를 적용할 필요가 있음

○ 진척관리는 가능한 짧은 주기로 반복적으로 수행하는 것이 바람직함


(2) 사업 진척 평가

가. 정의 : 일정계획 대비 수행실적 평가하고, 일정 지연이 발생한 경우 만회방안 도출

나. 선행활동 : 주·월간 진척 리뷰 및 점검

다. 후행활동 : 이슈분석 및 대응(필요시), 리스크 분석 및 대응(필요시), 변경요청 리뷰 및 분석(필요시)

라. 상세내용

| INPUT | 활동명 | OUTPUT |
|---|---|---|
| 회의록<br>주간보고서 | 사업 진척 평가 | 지연만회방안(필요시) |

마. 활용팁

○ 프로젝트 진척에 대한 검토는 주관기관을 포함한 이해관계자와 함께 이루어
져야함

○ 회의 결과에 따라 도출된 액션아이템의 경우 수행사, 주관기관 모두 간과하
는 경향이 있어 별도 관리할 수 있어야 하고, 그 결과를 주 · 월간 보고회 시
간에 검토할 필요가 있음

○ 일정 만회 방안은 단순히 인력 추가 투입 등의 방식을 지양하고, 정확한 기
능 점수 산출 및 비교 검토를 통해 적절한 만회 방안을 도출하여야 함

## 4.4.2 이슈 분석 및 대응

### 4.4.2.1 목적

가. 사업수행 중에 필요한 주요 관리 항목을 점검하여 정해진 시간 내에 사업을
종료하기 위함

나. 사업진행 중 발생한 이슈에 대해 검토하여 해결방안을 도출하여 프로젝트가
올바르게 수행될 수 있게 하기 위함

다. 제기된 이슈에 대한 검토 및 분석을 통하여 대응 및 해결방안을 도출하고, 관
리 통제하여 사업기간 내에 완료할 수 있도록 영향을 최소화하기 위함

## 4.4.2.2 프로세스

### (1) 업무 프로세스

| 활 동 | 활동 내용 |
|---|---|
| 이슈 리뷰 및 분석 | · 이슈 내용 검토<br>· 이슈 해결방안 분석 |
| 이슈 모니터링 | · 이슈 진행 상황 모니터링<br>· 이슈 시정 활동 모니터링 |
| 이슈 해결결과 검토 및 평가 | · 이슈 예방안 도출 및 적용<br>· 이슈 해결에 대한 결과내용 검토 및 평가 |

### (2) 업무 흐름도

[그림 4-12] 이슈 분석 및 대응 업무 흐름

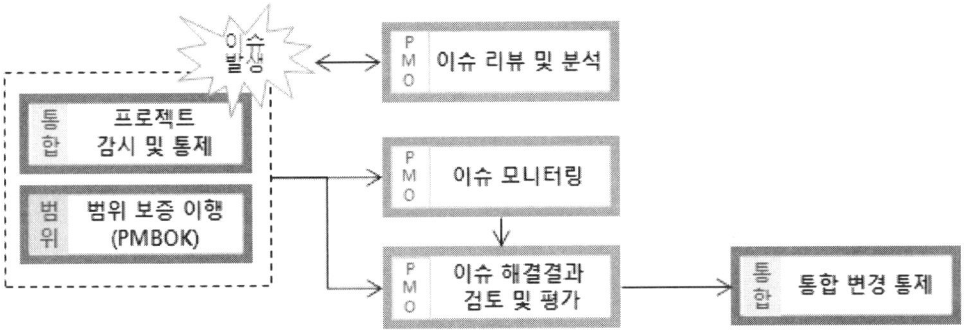

## 4.4.2.3 활동 상세내용

### (1) 이슈 리뷰 및 분석

가. 정의 : 식별된 이슈에 대한 분석을 통하여 이슈등급을 결정하고, 도출된 해결
방안(조치계획, 향후계획 등)을 검토

나. 선행활동 : 사업 진척 평가, 프로젝트 감시 및 통제, 이슈 발생

다. 후행활동 : 이슈 모니터링

라. 상세내용

| INPUT | 활동명 | OUTPUT |
|---|---|---|
| 이슈요인<br>이슈목록<br>이슈보고서 | 이슈 리뷰 및 분석 | 이슈보고서<br>검토보고서<br>이슈관리대장 |

마. 활용팁

○ 모든 프로젝트 참여자로써 본인의 의사 결정 수준에서 결정할 수 없는 사항을 이슈 요인으로 구분

○ 업무협의, 비정기회의를 통한 수시 이슈 식별 및 주간회의와 같은 정기회의를 통한 이슈 식별

(2) 이슈 모니터링

가. 정의 : 이슈의 해결완료 시까지 지속적으로 모니터링 하여 진행사항을 추적, 관리

나. 선행활동 : 이슈 리뷰 및 분석

다. 후행활동 : 이슈 해결결과 검토 및 평가

라. 상세내용

| INPUT | 활동명 | OUTPUT |
|---|---|---|
| 이슈보고서<br>회의록<br>진행사항 | 이슈 모니터링 | 이슈관리대장 |

마. 활용팁

○ 식별된 이슈를 이슈관리대장에 등재하여 이슈 진행 상태의 모니터링 실시

○ 정기회의와 이슈회의를 통하여 지속적인 이슈상태를 모니터링하고 해결사항을 추적-관리-보고하는 단계로 관리

○ 각 이슈별 수행담당자, 이슈상태, 예정종료일, 실제종료일, 확인 담당자, 회

의 결정 사항을 주기적으로 검토

○ 업무 협의, 비정기 회의를 통한 수시 이슈 식별 및 통합 주간회의와 같은 정기회의를 통한 정기 이슈 식별

### (3) 이슈 해결결과 검토 및 평가

가. 정의 : 이슈의 해결완료 시 해소 내용을 확인하고, 변경관리 등 후속조치를 검토함

나. 선행활동 : 이슈 모니터링

다. 후행활동 : 통합변경통제, 변경요청 리뷰 및 분석(필요시), 이슈리뷰 및 분석 (미해결 판단 시)

라. 상세내용

| INPUT | 활동명 | OUTPUT |
|---|---|---|
| 이슈보고서<br>회의록<br>진행사항<br>이슈관리대장 | 이슈 해결결과 검토 및 평가 | 검토보고서(필요시)<br>이슈관리대장 |

마. 활용팁

○ 상시 모니터링을 통한 이슈현황 및 해결 상황 보고

○ 만약 검토 결과, 이슈 해결 지연 및 미해결 이슈가 존재할 경우에 의사결정이 필요한 사안에 대해 신속한 보고와 협의를 진행

## 4.4.3 리스크 분석 및 예방

### 4.4.3.1 목적

가. 사업수행 중에 필요한 주요 관리 항목을 점검하여 정해진 시간 내에 사업을 종료하기 위함

나. 사업 진행 중 식별된 리스크에 대해 검토하여 해결방안을 도출하여 프로젝트가 올바르게 수행될 수 있게 하기 위함

다. 식별된 리스크에 대한 검토 및 분석을 통하여 예방방안을 도출하고 관리 통제
하여 사업이 기간 내에 발생하지 않도록 하기 위함

### 4.4.3.2 프로세스

(1) 업무 프로세스

| 활동 | 활동 내용 |
|---|---|
| 리스크 리뷰 및 분석 | · 위험 식별로부터 발생 가능한 위험 식별 및 평가 |
| 리스크 예방 | · 리스크 예방방안 수행 여부 모니터링<br>· 리스크 해소에 대한 결과 검토 및 평가 |

(2) 업무 흐름도

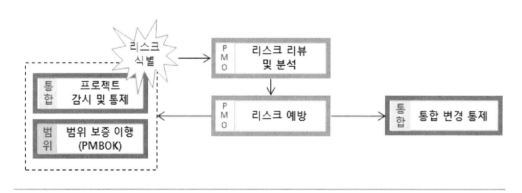

[그림 4-13] 리스크 분석 및 예방 업무 흐름

### 4.4.3.3 활동 상세내용

(1) 리스크 리뷰 및 분석

가. 정의 : 리스크에 대한 분석을 통해 리스크 영향정도 및 발생 가능성을 평가하여
리스크등급을 결정하고, 리스크 분석 결과를 바탕으로 이에 대한 조치방안 도출

나. 선행활동 : 프로젝트 감시 및 통제, 리스크 식별

다. 후행활동 : 리스크 예방

라. 상세내용

| INPUT | 활동명 | OUTPUT |
|---|---|---|
| 리스크 요인<br>리스크보고서 | 리스크 리뷰 및 분석 | 리스크보고서<br>리스크 예방방안<br>검토보고서<br>리스크관리대장 |

마. 활용팁

○ 프로젝트와 관련된 모든 이해관계자가 참여 여부 검토

- 프로젝트 팀원뿐 만 아니라 주관기관도 함께 참여하는 것이 좋고, 필요하다면 해당 업무 또는 기술 분야의 전문가도 참여하는 것이 바람직함

○ 일정, 업무범위, 보안, 비용, 인력, 프로세스, 품질, 개발 환경 등 초기 위험 관련 Factor에 대해 충분한 고려가 있었는지 검토

○ 인력의 스킬, 요구사항의 명확성, 아키텍처 정합성 등의 프로젝트 자체 내의 위험원인을 점검하였는지 검토

○ 비생산적인 회의의 지속, 팀원의 의욕 상실, 현업 및 팀원 간의 갈등 증가 등의 프로젝트 초기 이상 징후를 점검하였는지 검토

○ 프로젝트 계획 대비 실적을 비교 분석하여 원인을 분석 후 위험을 식별하였는지 여부 검토

○ 정량적 분석이 어려운 품질과 같은 Factor의 위험 분석 시 프로그램 완성도를 직접 확인하거나 요구 사항 변경정도를 점검하여 평가하였는지 검토

○ 위험 식별 방법의 적합성 확인

- 수행사 제안서, 사업계획서 및 기타 관련 문서 검토 여부

- 인터뷰 및 회의 실시 여부

- 환경검토 및 현장 방문 여부

- 작업산출물, 회의록, 보고서 검토 여부

○ 식별된 위험의 이슈화를 방지하고 부정적인 영향을 최소화하기 위해 사전에

위험요소와 완화방안을 도출함.

○ 사전에 도출한 각각의 위험요소에 대해 해결의 긴급성을 판단하기 위해 『발생가능성』평가, 『영향도』평가, 『가중치』평가를 기반으로 위험등급을 산정하여 위험 프로파일을 생성하여 위험의 유형을 인지하고 이에 따른 대응전략을 수립

## (2) 리스크 예방

가. 정의 : 리스크 예방방안이 적절히 수행되고 있는지 리스크 상태를 지속적으로 추적, 관리

나. 선행활동 : 리스크 리뷰 및 분석

다. 후행활동 : 통합 변경 통제, 변경요청 리뷰 및 분석(필요시)

라. 상세내용

| INPUT | 활동명 | OUTPUT |
|---|---|---|
| 리스크 예방방안<br>회의록<br>진행사항 | 리스크 예방 | 수시보고서(필요시)<br>검토보고서<br>리스크관리대장 |

마. 활용팁

○ 식별된 리스크에 대해 예방방안이 적절히 수립되고 적용되고 있는지 판단하고, 타 영향으로 인해 리스크 상태가 변경될 수 있으므로 프로젝트 수행에 관련된 이벤트에도 연관성을 고려

○ 예방 방안 및 리스크 상태 변경에 대해 전 이해 당사자에게 전파 및 교육 실시

○ 통상 리스크는 독립적인 것이 아니라 상호 연계되는 경우가 있어, 리스크를 식별하다 보면 여러 가지 리스크가 동시에 파악될 수 있음. 이 경우 가장 우선적으로 조치하여야 할 위험을 선별하여 예방방안을 수립

○ 근본원인을 파악하기 위해서는 일반론적인 리스크 식별이 아니라 프로젝트가 처한 상황을 면밀하게 검토한 후 그에 대한 진단이 필요

## 4.4.4 변경 요청 분석 및 통제

### 4.4.4.1 목적

가. 사업수행 중에 필요한 주요 관리 항목을 점검하여 정해진 시간 내에 사업을 종료하기 위함

나. 사업진행 중 발생한 이슈 및 리스크의 해결방안으로 변경사항이 발생하였을 경우 처리를 위함

다. 이슈 및 리스크 해결방안에 따라 제기된 변경사항에 대하여 절차에 의해 체계적으로 분석 및 관리하기 위함

### 4.4.4.2 프로세스

(1) 업무 프로세스

| 활동 | 활동 내용 |
|---|---|
| 변경 요청 리뷰 및 분석 | · 과업 추가, 변경 및 삭제에 따른 일정/자원 변경 필요성 분석<br>· 변경에 따른 영향평가의 적정성 확인 |
| 변경 통제 프로세스 이행 | · 변경에 따른 수행 내용 적정성 검토 및 평가 |

(2) 업무 흐름도

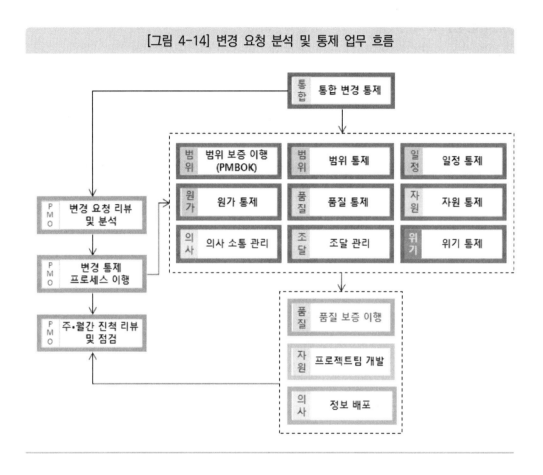

[그림 4-14] 변경 요청 분석 및 통제 업무 흐름

### 4.4.4.3 활동 상세내용

(1) 변경 요청 리뷰 및 분석

　가. 정의 : 초기계획 대비 변경 타당성, 변경 시기 및 파급효과 검토

　나. 선행활동 : 사업 진척 평가/이슈 대응/리스크 예방

　다. 후행활동 : 변경 통제 프로세스 이행

　라. 상세내용

| INPUT | 활동명 | OUTPUT |
|---|---|---|
| 변경 요인<br>변경요청서 | 변경 요청 리뷰 및 분석 | 검토보고서 |

마. 활용팁

- 과업내용 추가, 변경 및 삭제에 따른 일정 및 자원 변경 필요성 분석
- 변경에 따른 일정 및 다른 업무영역에 미치는 파급효과 분석

(2) 변경 통제 프로세스 이행

가. 정의 : 변경 내용 이행 결과에 대해 현장 확인 및 관련 산출물에 대한 변경사
항 반영 여부 검토

나. 선행활동 : 변경 요청 리뷰 및 분석

다. 후행활동 : 주·월간 진척 리뷰 및 점검

라. 상세내용

| INPUT | 활동명 | OUTPUT |
|---|---|---|
| 변경요청서<br>변경내용<br>관련산출물 | 변경 통제 프로세스 이행 | 검토보고서(필요시)<br>관련산출물 |

마. 활용팁

○ 변경된 내용에 대해 산출물 현행화가 반드시 필요한데 관리 산출물보다 개
발 산출물이 더 중요

○ 개발 산출물의 경우 분석단계 부터 테스트단계에 이르기까지 전 범위에 현
행화가 이루어졌는지 검토

### 4.4.4.4 관련 규정 및 법령

○ 국가를 당사자로 하는 계약에 관한 법률 시행령 제5장(계약의 체결 및 이행)
○ 국가를 당사자로 하는 계약에 관한 법률 시행규칙 제5장 (계약의 체결 및 이행)

○ 용역계약일반조건 제50조(계약이행의 관리/감독 및 사업의 품질확보)

○ 소프트웨어사업 관리감독에 관한 일반기준 제7조(공급자 관리)

○ 소프트웨어사업 관리감독에 관한 일반기준 제8조(사업 관리)

○ 소프트웨어사업 관리감독에 관한 일반기준 제9조(합동검토)

## 4.5.1 검수 준비

### 4.5.1.1 목적

가. 과업내용 이행 여부 점검하고 산출물 점검 결과 이상여부를 확인하기 위함.

### 4.5.1.2 프로세스

(1) 업무 프로세스

| 활동 | 활동 내용 |
|---|---|
| 완료 검수 | · 수행사는 계약목적물을 완성한 후 계약 완료 전 주관기관에 검사요청<br>· 주관기관은 검사 요청 후 14일 이내에 산출물에 대한 검사 수행<br>· 수행사의 과업내용에 대한 계약이행의 전부 또는 일부가 계약사항에 위반될 경우<br>  시정조치 |

(2) 업무 흐름도

[그림 4-15] 검수 준비 업무 흐름

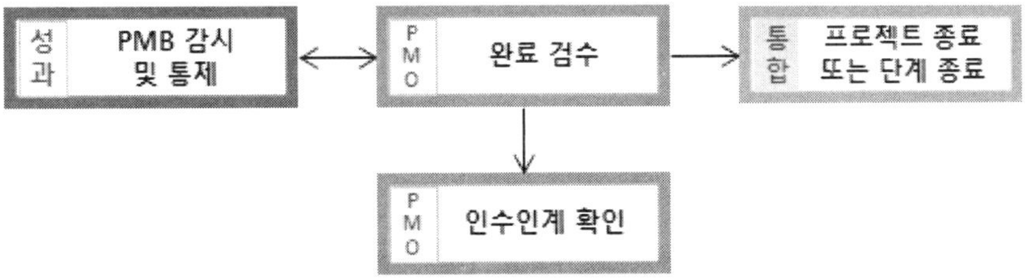

제4장 PMO 실무 • 171

### 4.5.1.3 활동 상세내용

(1) 완료 검수

　가. 정의 : 검수기준서에 의해 과업 실행 여부를 확인

　나. 선행활동 : 없음

　다. 후행활동 : 인수인계 확인

　라. 상세내용

| INPUT | 활동명 | OUTPUT |
|---|---|---|
| 검수요청서<br>목적물<br>검수기준서 | 완료 검수 | 검수확인서 |

　마. 활용팁

　　○ 검수 방법은 주관기관마다 방식이 다르므로, 검토 후 보완 부분에 대해 가이드

　　○ 각 산출물 검수 및 검토는 현업 확인이 필요

　　○ 프로그램 및 장비 설치에 대한 검수는 필요시 직접 현장 확인

　　○ 사업 착수 시 협의된 모든 산출물이 제출 되었는지 확인

### 4.5.1.4 관련 규정 및 법령

　　○ 국가를 당사자로 하는 계약에 관한 법률 시행규칙 제14조(검사)

　　○ 국가를 당사자로 하는 계약에 관한 법률 시행령 제55조(검사)

　　○ 용역계약 일반조건 제20조(검사)

## 4.5.2 인수 인계

### 4.5.2.1 목적물

　가. 목적물의 검사 및 시험 결과를 확인하고 인수인계가 정상적으로 수행되었는지
　　확인하기 위함

### 4.5.2.2 프로세스

#### (1) 업무 프로세스

| 활동 | 활동 내용 |
|---|---|
| 인수인계 확인 | · 수행사 및 주관기관간 정의된 산출물 인수인계 확인<br>· 운영자 및 사용자 교육 실시 확인 |

#### (2) 업무 흐름도

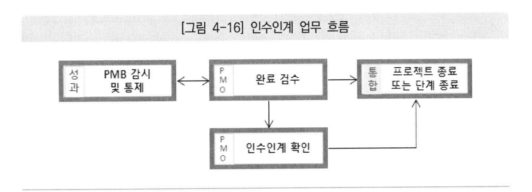

[그림 4-16] 인수인계 업무 흐름

### 4.5.2.3 활동 상세내용

#### (1) 인수인계

가. 정의 : 인수인계 계획에 대한 대상, 방법, 일정에 대한 검토 및 산출물 확인,
목적물 테스트, 교육 등 모든 절차가 완료되었는지 확인 점검

나. 선행활동 : 완료 검수

다. 후행활동 : 완료 평가 및 점검, 프로젝트 종료

라. 상세내용

| INPUT | 활동명 | OUTPUT |
|---|---|---|
| 인수인계계획서<br>최종목적물<br>최종산출물 | 인수인계 확인 | 검토보고서 |

마. 활용팁

○ 통합테스트 시 주관기관 담당자가 참여하였을 경우 협의에 의해 인수테스트를 생략할 수 있음

### 4.5.2.4 관련 규정 및 법령

○ 용역계약 일반조건 제21조(인수)
○ 용역계약 일반조건 제22조(기성부분의 인수)
○ 정보통신보안업무규정 제31조(외부용역사업 보안관리)

## 4.5.3 완료

### 4.5.3.1 목적

가. 완료보고를 하고 발주처 차원에서 전체 사업에 대한 평가를 내리고 사업 종료를 선언하기 위함

### 4.5.3.2 프로세스

(1) 업무 프로세스

| 활동 | 활동 내용 |
|---|---|
| 완료 평가 및 점검 | · 프로젝트 완료보고 및 평가<br>· 프로젝트 완료에 따른 행정조치 검토 및 확인 |

(2) 업무 흐름도

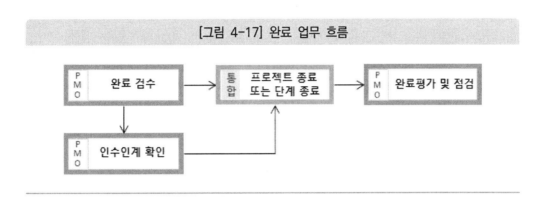

[그림 4-17] 완료 업무 흐름

### 4.5.3.3 활동 상세내용

(1) 완료

가. 정의 : 완료보고서 내용 검토 및 프로젝트 성과 평가

나. 선행활동 : 인수인계 확인

다. 후행활동 : 프로젝트 종료

라. 상세내용

| INPUT | 활동명 | OUTPUT |
|---|---|---|
| 완료보고서 | 완료 평가 및 점검 | 검토보고서(필요시) |

마. 활용팁

○ 완료보고 내용에는 목적물 외에 사업관리 실적(회의, 품질관리 활동 등)도 같이 포함

○ 완료보고서 내용 검토시 수정 보완 사항이 있을 경우 수행사와 협의하여 즉시 반영하는 것이 필요

### 4.5.3.4 관련 규정 및 법령

○ 국가를 당사자로 하는 계약에 관한 법률 제26조(지체상금)

○ 국가를 당사자로 하는 계약에 관한 법률 시행령 제73조(사후원가검토 조건부 계약)

○ 국가를 당사자로 하는 계약에 관한 법률 시행령 제74조(지체상금)

○ 국가를 당사자로 하는 계약에 관한 법률 시행령 제75조(계약의 해제·해지)

○ 용역계약 일반조건 제18조(지체상금)

○ 용역계약 일반조건 제55조(지체상금율)

○ 국가를 당사자로 하는 계약에 관한 법률 제15조(대가의 지급)

○ 국가를 당사자로 하는 계약에 관한 법률 시행령 제58조(대가의 지급)

○ 국가를 당사자로 하는 계약에 관한 법률 시행령 제58조(대가지급지연에 대한 이자)

## 4.6.1 본사업 사후관리

### 4.6.1.1 목적

가. 본사업의 사업기간이 종료된 후, 주관기관이 원활하게 운영할 수 있도록 발생한 하자에 대한 완전한 처리 및 정보시스템 안정화하는 것으로 본사업을 수행하여 생성한 산출물을 주관기관 전사아키텍처 관리시스템(EAMS)에 등록할 수 있도록 지원함.

나. 본사업을 수행한 결과로 획득한 교훈을 정리하고, 주관기관에 산출물과 함께 제출함.

다. 본사업을 수행한 주관기관의 성과를 제시하고, 새로운 업무 시스템으로 적용할 수 있도록 변화를 준비하고, 스스로 참여하도록 지원함.

### 4.6.1.2 프로세스

(1) 업무 프로세스

| 활동 | 활동 내용 |
|---|---|
| 하자관리 | · 하자 식별 및 등록<br>· 하자에 대한 사실 조사<br>· 하자보수 실시 및 결과 등록 |
| 산출물 리뷰<br>및 교훈 도출 | · 본사업 산출물 목록 대비 산출물 제출 점검 및 참조활용성 점검<br>· 본사업 수행 과정과 결과로부터 교훈 도출 |
| 성과관리 | · 주관기관 성과관리 시행계획 접수 및 성과목표/지표 분석<br>· 본사업 결과물 분석 및 성과 결과 정리 |
| 변화관리 | · 정보시스템 오픈 후 사용자 교육, 결과보고 활동 적합성 점검<br>· 구축된 정보시스템의 문제점 해소 여부 점검 |

(2) 업무 흐름도

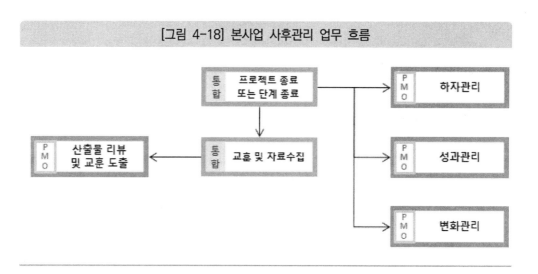

[그림 4-18] 본사업 사후관리 업무 흐름

### 4.6.1.3 활동 상세내용

(1) 본사업 하자관리

가. 정의 : 본사업이 종료된 후, 주관기관이 원활하게 운영할 수 있도록 발생한 하자를 완전하게 처리하여 정보시스템을 안정화시킴.

나. 선행활동 : 본사업 종료

다. 후행활동 : PMO 종료

라. 상세내용

| INPUT | 활동명 | OUTPUT |
|---|---|---|
| 하자처리 요청서 | 본사업 하자관리 | 하자관리대장 |

마. 활용 팁

　○ 정보시스템 오픈 및 안정화는 PMO 사업기간 내에 완료하는 것이 원칙

　○ 주관기관의 정책 또는 상황에 따라 정보시스템 오픈이 지연되는 경우에 오픈 전에 정보시스템 운영조직(역할과 책임 포함)을 구성할 필요가 있음.

(2) 본사업 산출물 리뷰 및 교훈 도출

    가. 정의 : 본사업 과정 및 산출물로부터 획득한 교훈을 정리하여 주관기관에 제출함.

    나. 선행활동 : 본사업 종료

    다. 후행활동 : PMO 종료

    라. 상세내용

| INPUT | 활동명 | OUTPUT |
|---|---|---|
| 본사업 산출물 | 본사업 산출물 리뷰 및 교훈 도출 | 사업 교훈 |

    마. 활용 팁

      ○ 주관기관뿐만 아니라 PMO에게도 교훈이 되는 점을 도출하는 것이 관건

(3) 본사업 성과관리

    가. 정의 : 본사업 수행 결과로 주관기관의 성과를 제시함.

    나. 선행활동 : 본사업 종료

    다. 후행활동 : PMO 종료

    라. 상세내용

| INPUT | 활동명 | OUTPUT |
|---|---|---|
| 성과관리시행계획<br>성과평가계획서 | 본사업 성과관리 | 성과평가결과서 |

    마. 활용 팁

      ○ 일정 상 정보시스템 운영기간이 짧아 현실적으로 성과평가가 어려운 경우, 주관기관과 협의하여 성과평가 계획을 수정하여 제출함

(4) 본사업 변화관리

    가. 정의 : 본사업 결과로 발생하는 주관기관의 변화관리를 지원함.

나. 선행활동 : 본사업 종료

다. 후행활동 : PMO 종료

라. 상세내용

| INPUT | 활동명 | OUTPUT |
|---|---|---|
| 변화관리계획서 | 본사업 변화관리 | 변화관리활동보고서<br>교육 및 홍보 결과보고서 |

마. 활용 팁

○ 변화관리를 위한 주요 구성요소는 변화를 위한 사업 비전 공유, 변화에 대한 조직 준비도, 변화관리 아키텍쳐, 변화 추진을 위한 조직 구조, 의사소통 전략, 개인 및 팀의 역량, 문화 및 변화관리, 리더십 역량 등으로 이루어지므로 각 요소를 통한 점검으로 확대할 수 있음.

## 4.6.1.4 관련 법령 및 규정

○ 소프트웨어산업 진흥법 제20조의5(소프트웨어사업의 하자담보책임)

○ 소트트웨어사업 관리감독에 관한 일반기준

○ (계약예규)용역계약 일반조건 제58조(하자보수 등)

○ 예산안 작성 세부지침(하자·유지관리)

○ 세출예산 집행지침(하자·유지관리)

○ 국가를 상대로 하는 계약에 관한 법률 시행령 제5장(계약의 체결 및 이행)

○ 용역계약일반조건 제50조(계약이행의 관리/감독 및 사업의 품질 확보)

○ 소프트웨어사업 관리감독에 관한 일반기준 제7조(공급자 관리)

○ 소프트웨어사업 관리감독에 관한 일반기준 제8조(사업관리)

○ 소프트웨어사업 관리감독에 관한 일반기준 제9조(합동검토)

○ 주관기관의 성과관리 계획

○ 주관기관의 변화관리 계획

## 4.7.1 PMO 종료

### 4.7.1.1 목적

가. 계약서상의 사업내용 이행 여부 점검하고, 검사결과 산출물에 대한 이상여부 점검하며, 인수한 산출물의 검사 및 시험 결과를 확인하고, 인수계획에 의거 정상적으로 인수절차가 수행되었는지 확인하기 위함.

나. 주관기관에 PMO 사업의 내용을 인계하고, PMO 사업 대가를 수령하기 위함.

### 4.7.1.2 프로세스

(1) 업무 프로세스

| 활동 | 활동 내용 |
|---|---|
| 완료검사 및 인계 | · PMO사업기간 14일 이전까지 주관기관에 검사를 요청하여 검수 완료<br>· 계약서 내용을 참조하여 산출물 정리 및 목록화하여 주관기관에 산출물 인계 |
| PMO 사업 종료 | · 계약서 내용을 참조하여 준공조서 작성해 주관기관에 제출<br>· PMO 사업 대가 요청 및 수령 |

(2) 업무 흐름도

[그림 4-19] PMO 종료 업무 흐름

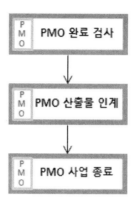

### 4.7.1.3 활동 상세내용

(1) 완료검사 및 인계

　가. 정의 : PMO 계약에 따른 사업 내용을 이행하였다는 것을 검사를 통해 확인하
　　　고, PMO 수행 산출물을 주관기관에 인계함.

　나. 선행활동 : 본사업 사후관리

　다. 후행활동 : PMO 사업 종료

　라. 상세내용

| INPUT | 활동명 | OUTPUT |
|---|---|---|
| 계약서<br>PMO 산출물 | 완료검사 및 인계 | 검사요청서<br>인계계획서<br>인계결과서 |

　마. 활용 팁

　　○ 인수 계획에 의거 인수인계 절차의 검토 및 확인

(2) PMO 사업 종료

    가. 정의 : PMO 사업 활동을 모두 완료하고, PMO 사업 대가를 수령함.

    나. 선행활동 : 완료검사 및 인계

    다. 후행활동 : 없음

    라. 상세내용

| INPUT | 활동명 | OUTPUT |
|---|---|---|
| 계약서 | PMO 사업 종료 | 준공조서<br>PMO 사업 대가 |

    마. 활용 팁

      ○ 변경내역을 집행내역에 반영

## 4.7.1.4 관련 법령 및 규정

  ○ 국가를 당사자로 하는 계약에 관한 법률 제26조(지체상금)

  ○ 국가를 당사자로 하는 계약에 관한 법률 시행령 제73조(사후원가검토 조건부 계약)

  ○ 국가를 당사자로 하는 계약에 관한 법률 시행령 제74조(지체상금)

  ○ 국가를 당사자로 하는 계약에 관한 법률 시행령 제75조(계약의 해제·해지)

  ○ 용역계약 일반조건 제18조(지체상금)

  ○ 용역계약 일반조건 제55조(지체상금율)

  ○ 국가를 당사자로 하는 계약에 관한 법률 제15조(대가의 지급)

  ○ 국가를 당사자로 하는 계약에 관한 법률 시행령 제58조(대가의 지급)

  ○ 국가를 당사자로 하는 계약에 관한 법률 시행령 제58조(대가지급지연에 대한 이자)

  ○ 국가를 당사자로 하는 계약에 관한 법률 시행규칙 제14조(검사)

  ○ 국가를 당사자로 하는 계약에 관한 법률 시행령 제55조(검사)

  ○ 용역계약 일반조건 제20조(검사)

  ○ 용역계약 일반조건 제21조(인수)

  ○ 용역계약 일반조건 제22조(기성부분의 인수)

  ○ 정보통신보안업무규정 제31조(외부용역사업 보안관리)

# 제 5 장
## PMO 도구와 방법론

## 요구사항 가시화와 명확화

 요구사항은 고객의 추상적인 필요(Needs)를 구체화한 것으로 제대로 정리하지 못하면 요구사항을 제대로 작성할 수 없다. 또, 일정한 양식에 따라 요구사항을 작성했다고 하더라도 그것이 정확한 것이라 단정할 수 없다.

 프로젝트 초기에 해야 할 가장 중요한 것은 고객의 요구사항을 수행사 프로젝트 팀이 충분히 이해해야 한다. 수행사가 요구사항을 정확히 이해했다면 수행사는 어떤 자원으로 어떤 기술로 수행할지 세부적인 "작업"을 구성해야 한다. 최종적으로 수행사는 그 "작업"을 수행할 수 있도록 세분화하고 구체화하여야 한다. 마치 육하원칙처럼 누가 언제 어디서 무엇을 어떻게 어떤 일정, 얼마의 비용으로 할지 구체화하여야 한다. 이 과정이 끝내야 우리는 요구사항이 정확하게 가시화되었다고 할 수 있는 것이다. 프로젝트란 전 수명주기에 걸쳐 고객의 요구사항을 프로젝트 수행자가 "작업(Work)"을 통해 구현하는 것이다.

[그림 5-1] 요구사항과 작업

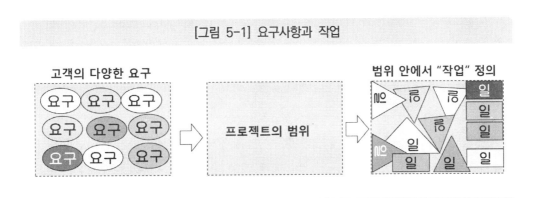

 프로젝트에 참여해 보면 프로젝트 관리자나 팀원들은 요구사항 "가시화"나 "명확화" 라는 말을 자주 사용하지만 무엇을 가시화하고 명확화 해야 하는지 잘 모르고 있다고 해도 과언이 아니다. 사실 가시화의 사전적인 의미는 "안보여 지던 것"을 "보여지게 하는 것"이고 명확화는 불명확한 것을 확실하게 하는 것이다.

### 5.1.1 요구사항이란

프로젝트에서 고객 또는 발주자의 "요구사항"은 SOW(Statement of Works), 프로젝트 제안 요청서(RFP, Request for Proposal) 그리고 프로젝트 차터(Charter)에서 일차로 언급되는데, 이정도 수준의 요구사항으로 프로젝트를 구현하기는 거의 불가능하다. 대부분 고객이 작성한 요구사항은 문장의 형태로 설명되어 있고, 필요시 그림이나 표를 사용하는 경우도 있다.

계약 후, 수행사는 고객의 모든 요구사항이 구현가능한지 안한지를 해당 팀원과 함께 상세하게 검토하여야 한다.

특히 우리나라의 경우, 프로젝트 실행 중에 발주자들은 여러 이유로 확정된 요구사항을 자주 변경한다. 실제 IT/SW 프로젝트의 경우 상세 설계가 끝난 다음 추가 요구사항이 도출되기도 하는데, 이를 반영할 경우 이미 사용 중인 기본 설계와 상세 설계의 변경도 불가피해 프로젝트 전체에 끼치는 영향은 막대하다. 이를 해결하기 위해서는 요구사항을 명확히 하고, "작업"이 정확히 구현하도록 조기에 확정하는 것이 안정적 품질 유지에 필요하다.


### 5.1.2 요구사항 종류

요구사항은 통상 2가지 범주로 분류할 수 있는데, 하나는 비즈니스 범주이고, 다른 하나는 기술적 범주이다.

비즈니스 범주는 고객이 필요에 맞게 요구사항을 정리하는 것이고, 기술적 범주는 고객 요구사항에 대해 어떤 기능을 가져야 하는지에 대한 내용이다. 기능적 요구사항은 고객의 필요(Needs)를 문장으로 표현하여 구체화한 것이다.

수행사는 고객이 원하는 요구사항이 실제 구현이 가능한가를 기술적으로 점검하고, 구현에 문제가 있다면 고객과의 협의를 통해 사전에 조정하여야 한다. 프로젝트를 성공시키기 위해 비즈니스 범주 요구사항을 사전에 파악하고, 그것을 실행의 관점에서 기술적 요구사항으로 구체화, 즉 가시화하여야 한다.

2010년 ○○부 프로젝트였다.

경력단절여성을 위한 사이트 구축 사업이었는데, 당시 각 지방까지 조직화된 A센터와 시스템으로 연계를 하는 과제다. 하지만 부처간의 이해관계로 연계 협의가 원활히 되지 않아, ○○부 담당자는 전체 통계치만 단순히 입력받는 형태로 연계하기로 우리와 합의하고 프로젝트를 진행하였다.

그러다 마무리 시점에서 담당자가 가끔 회의 참석만 하던 모과장으로 바뀌었다. 그리고 연계에 대한 요구가 처음으로 돌아가 버렸다. 당연히 그 연계 협의 주체는 ○○부임에도 불구하고, 완료일시가 다된 시점까지 아무런 보고도 없었다며, 무조건 RFP 대로 처리해 주기를 요구했다.

이에 약 3,000만원 정도 손실이 발생하고, 인력은 8 MM 이상 초과가 되었다. 이는 연계방식에 대한 협의를 구두로만 합의한 대가로 우리는 모든 손실을 감내할 수밖에 없었다.

또 하나의 사례를 보자.

2010년 대전 △△진흥원 프로젝트인데, 요즘 많이 보이는 'B 지원사업' 관리시스템을 구축하는 사업이다. 개발 기간이 너무 촉박했다. 담당자는 그 전부터 잘 알고 있는 사이로 자기들이 요구한 기간 내에 기본 기능 및 서비스만 일단 오픈만 해 준다면, 2단계로 나누어 개발할 수 있도록 구두로 약속을 받아냈다. 아울러 모든 자료는 다 준비되어 있으며, 즉시 제공할 것이니 큰 문제가 없을 거라고 호언장담했다.

하지만 막상 프로젝트가 시작하자 말이 달라지기 시작했다. 전체 기능과 서비스를 모두 오픈해야 한다는 것으로 바뀌었다.

단기 초스피드 개발을 위해서 검토기간이 없어 모든 설계가 완벽하지 못했는데, 특히 나중에는 DB 설계에 치명적 오류까지 발견되어, 당초 계획보다 일정과 인력이 배 이상 투입되는 손실이 발생했다.

우리는 프로젝트를 하다 보면, 매번 협의한 내용을 기록하여 고객에게 들이밀기가 쉽지 않다. 아니 거의 불가능하다. 특히 그 담당자와 인간적으로 친밀하면 더욱 그렇다. 이에 대한 해법은 매우 중요하거나, 추후 논란의 대상이 될 수 있다고 판단이 되면 반드시 문서화를 해야 한다, 프로젝트를 진행하면서 꼭 새겨야 할 명언 중에 다음을 포함시키고 자기 철학화를 했으면 한다.

문서로 남아있지 않은 것들은 말하지 않은 것이다.

약속에 부쳐져 있는 조건들은 잊혀지게 마련이지만, 약속은 기억되어진다.

### 5.1.3 요구사항 가시화 및 명확화

수행사는 고객 요구사항을 물리적인 구현 가능여부를 검토하기 위해 관련 실무자나 전문가를 통해 개별 작업(Work)이나 여러 작업 단위로 구분해 구현여부를 확인하여 결정하게 된다.

이 단계에서 수행이 불가능하거나 수정이 필요한 요구사항은 고객과 수행사가 함께 협의한 다음 요구사항을 정확하게 정의한다. 요구사항 명확화를 위해 고객과 수행자는 수많은 회의를 통해 그 이행여부를 토론하고 합의를 하여야 한다.

수행사는 고객 요구사항에 대해 정확한 이해와 실행을 위한 기술 여건을 포함, 사전에 능력 등을 상세히 검토하여 실행 중에 발생할 수 있는 문제, 시행착오 등을 사전에 점검, 제거하여야 한다.

이 과정을 우리는 요구사항 가시화 또는 명확화라고 하며, 이렇게 함으로써 프로젝트 중·후반에 발생할 수 있는 고객 요구사항의 변경 및 추가를 미연에 방지하게 된다.

---

**[그림 5-2] PMO 종료 업무 흐름**

$$\sum_{i=1}^{l} \textbf{요구사항} = \sum_{j=1}^{m} \textbf{작업} = \sum_{k=1}^{n} \textbf{활동}$$

i=1, 2, , , , l:  요구사항의 수
j=1, 2, , , , m: 작업의 수
k=1, 2, , , , n: 활동의 수

---

공공 정보화 프로젝트의 경우, 프로젝트 초기에 요구사항이 구체화되지 않은 상태로 실행되어 프로젝트 중 후반에 요구사항이 변경 또는 추가되는 경우가 많다.

이러한 문제를 해결하기 위해 정부는 신 RFP, BPR/ISMP, PMO제도 등을 통해 이 문제를 해결하기 위해 부단히 노력하고 있다.

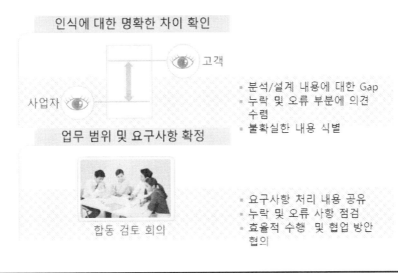

설계가 끝나고 하는 워크숍이 매우 중요하다. 근교로 나가서 술 먹는 친교의 자리가 아니라 설계 사항은 물론 정의된 요구사항 하나하나를 고객과 생각이 일치시키는 작업을 해야 한다.

고객이 낮은 수준으로 생각한 것을 수행팀이 높게 잡은 경우도 있을 수 있으며, 수행팀이 작게 생각한 범위가 사실은 더 큰 범위를 함축할 수도 있는데, 이런 부분을 일일이 검토해서 일치시키는 작업이 필요한 것이다.

**인식에 대한 명확한 차이 확인**

고객

사업자

- 분석/설계 내용에 대한 Gap
- 누락 및 오류 부분에 의견 수렴
- 불확실한 내용 식별

**업무 범위 및 요구사항 확정**

합동 검토 회의

- 요구사항 처리 내용 공유
- 누락 및 오류 사항 점검
- 효율적 수행 및 협업 방안 협의

## 5.1.4 요구사항 처리 프로세스

요구사항 명확화를 위해 ISO21500, PMBOK(6판)를 참조하여, 필요한 프로세스와 관련 사항을 다음과 같이 정리하였다.

[표 5-1] 요구사항 명확화 프로세스 목록

| 명칭 | 프로세스 ISO21500 | 프로세스 PMBOK | 입력 | 출력(산출물) | 도구나 방법론 |
|---|---|---|---|---|---|
| 요구사항 수집 | | ● | 차터, 이해관계자 등록부, OPA | 요구사항수집서 | 요구사항 수집 |
| 범위정의 | ● | ● | 차터, 요구사항수집서 | 범위기술서 | |
| WBS 작성 | ● | ● | 범위기술서 | WBS, WBS Dictionary | WBS |
| Work Package 선정 및 작성 | △ | △ | WBS | WBS Dictionary | |
| 활동목록표 작성 | ● | ● | WBS Dictionary | 활동목록표 | |

이 프로세스의 선·후행을 참조하여 흐름화 하면 [그림 5-3]과 같다.

[그림 5-3]에서 프로세스는 "□"로 산출물은 "▱"로 필요한 자료는 "◇"로 표시하였다. 실무를 위해 흐름도와 목록을 연계하여 살펴보는 것이 훨씬 이해에 도움이 될 것이다.

[그림 5-3] 요구사항 가시화 프로세스 흐름도

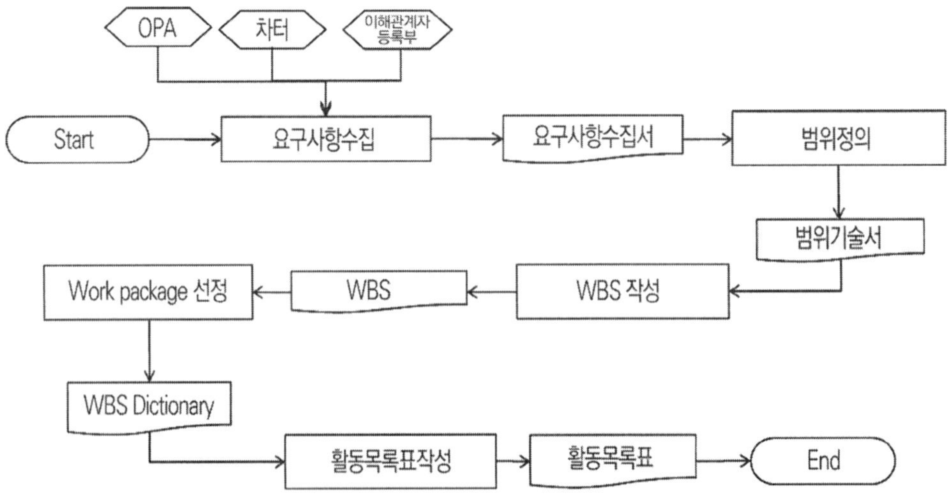

### 5.1.5 요구사항 코드화

요구사항을 개별 코드로 식별하여 체계적으로 관리하여야 한다. 요구사항과 관련되어 문제가 발생할 때, 관련 요구사항을 추적하거나 그 진척을 철저하게 관리하기 위해서도 요구사항 코드화가 중요하다.

아울러 요구사항에 대해 관련 이해관계자를 확인할 수 있는 이해관계자 코드도 규정해야 하고, 요구사항을 이행하기 위해 수행자가 실행할 "작업" 즉 "Work" 또한 코드화하여 관리하여야 한다.

특히 이해관계자별 요구사항을 지속적으로 관리하고, 해당 이해관계자에게 요구사항의 진척률까지 정확하게 전달해주는 것이 좋다.

[그림 5-4] 요구사항 ID의 관계도

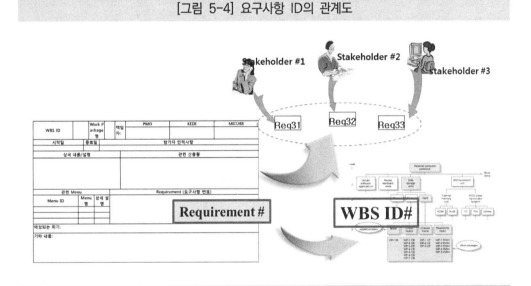

## 5.2 WBS 개념 및 중요성

요구사항이 명확하게 정의되었다면, 프로젝트 추진 시 필요한 '작업'단위나 구체적인 '활동'이 정의되었다는 것을 의미한다. 이렇게 정의된 '작업', '활동' 등을 계층구조로 작성하고 세분화, 상세화한 것을 'WBS'라고 하고, 우리말로 '작업분류체계'라고 한다.

WBS는 프로젝트의 원가관리, 의사결정, 조직 구성, 조직과 작업 간의 책임문제, 위기관리, 품질관리를 정의하기 위해 아주 중요한 도구이다. WBS는 분할을 통해 핵심 작업단위인 "Work Package"까지 분할한 다음, 비용정산과 조직 및 개인의 역할과 책임을 Work Package에서 정의하고, 이를 그 산출물인 WBS Dictionary에 구체적으로 작성한다.

2000년대 이후의 프로젝트관리의 특징 중 하나는 WBS의 Work Package를 정의하고, 이를 이용하여 프로젝트를 관리한다는 점이다.

### 5.2.1 WBS란

WBS는 작업분류체계도라고도 부르며, 프로젝트 추진을 위해 필요한 모든 '작업', '활동'을 Top-Down 방법을 이용하여, 수직 및 수평적으로 체계화한 것으로, 프로젝트 기간 중에 해야 할 '작업'을 결과물 중심으로 정의하고, 이를 수행할 수 있도록 상세하게 분할(Decomposition)하여 정리한 것이다. 분할이란 상위에서 정의한 작업을 독립적인 하위작업으로 나누는 것으로 아래 그림과 같이 작업을 세분화하는 것이다.

[그림 5-5] WBS의 분할

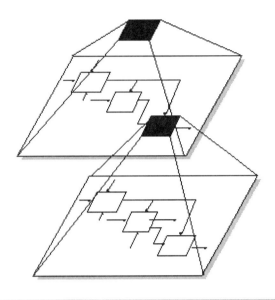

분할된 작업은 체계적인 관리를 위해 단계와 요소를 표현하는 코드시스템(Numbering System)을 사용하여 진척관리나 문제 발생 시 해결을 위한 추적관리에 사용된다.

[그림 5-6] WBS의 단계별 구성

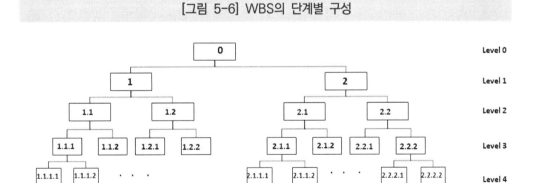

다음 [그림 5-7]은 보고서 작성을 위해 WBS 계층구조를 문장형식으로 들여쓰기를 사용하여 표현한 것이다.

[그림 5-7] WBS의 문장식 계층 구조

**1 Computer project**
  **1.1 Disk Storage units**
    1.1.1 Floppy
    1.1.2 Optical
    **1.1.3 Hard**
      **1.1.3.1 Motor**
        1.1.3.1.1 Sourcing work packag
        1.1.3.1.2*
        1.1.3.1.3*
        1.1.3.1.4*
      **1.1.3.2 Read/write head**
        1.1.3.2.1 Cost account
        1.1.3.2.2 Cost account

## 5.2.2 워크 패키지(Work Package)란

WBS 작성의 근본 목적은 프로젝트의 일정과 예산을 측정하고 일을 배정하는 기초단위인 Work Package를 정의하고, 작성하는 것이다. 이렇게 얻어진 Work Package를 가지고 일정통제, 의사결정, 위기관리 등에 사용한다. Work Package 작성을 위해서는 활동(Activity) 정의, 활동별 소요기간 산정 등 일정계획 기초자료인 활동 목록표를 만들어야 한다. 그래야 고객의 요구사항과 수행자가 실행할 활동과의 정확한 매핑이 이루어질 수 있다.

Work Package는 작업을 수행하기 위한 3W(Who, When, What) 2H(How long, How much)로 WBS Dictionary에 정리된다. 작업(What)을 정의하고, 작업의 일정(How long)을 산정하며, 예산(Cost)을 산정하고, 투입될 자원의 소요량(How much)을 산정하고, '작업'을 책임질 사람이나 조직을 정의(Who)하는데 사용한다.

[그림 5-8] WBS에서 Work Package 구성

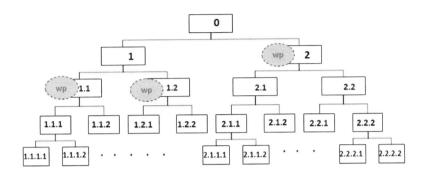

보통 Work Package는 WBS의 3~4단계(Level)에 있는 요소로 구성된다.
아래 그림은 프로젝트 공정표에서 Work Package와 활동과의 관계를 보여준다.

[그림 5-9] Work Package와 활동 관계

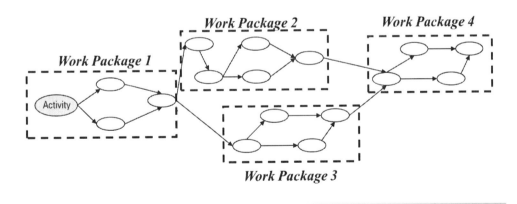

### 5.2.3 작업 코드(WBS ID)

WBS는 하향식으로 일을 수행할 수 있는 요소를 구체적으로 보여준다. 이 요소마다 코드를 부여하여 요구사항과 일을 효과적으로 연계하여야 한다. WBS ID는 그 일을 요구한 고객과 이를 실행하는 활동 간의 유기적인 관계가 필요하고, 그 일과 관련된 위기 ID를 연계

하는 것이 중요하다. WBS ID는 작업을 식별하는데 중요한 정보이고, 요구사항 코드와 활동 코드를 연계하며, 이슈, 위기, 문제 발생시 추적과 식별을 가능하게 한다.

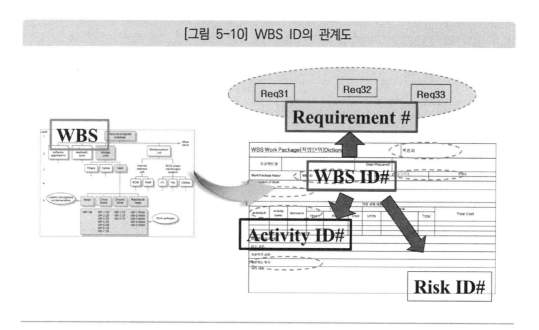

[그림 5-10] WBS ID의 관계도

## 5.2.4 활동 정의와 코드(Activity ID)

수행사 입장에서 가장 중요한 기준 정보는 활동코드(Activity ID)이다. 앞서 활동코드는 착수단계에서 이해관계자와 요구사항과의 정확한 매핑을 위해 필요하며, 또 실행단계에서 진척보고시 이슈, 위기, 변경 발생시 이를 추적하기 위해 필요한 정보라고 언급하였다. 즉 Activity ID는 그 작업을 요구한 고객을 식별하기 위해 WBS ID와 매핑되어 있어야 한다. 또 Activity 실행 중에 발생되는 다양한 이슈와 변경과 매핑되어 있어야 문제해결을 위한 추적이 가능하다.

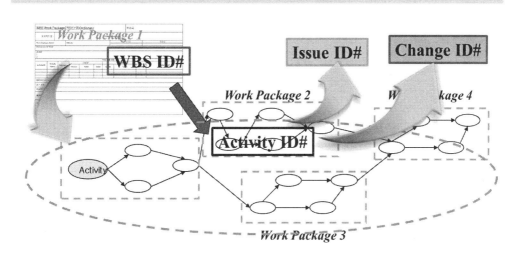

[그림 5-11] Activity ID의 관계도

프로젝트 공정표(Network Diagram)는 활동과의 선·후행 관계를 이용하여 시작부터 종료할 때까지 프로젝트 전체의 논리적 관계를 도식적으로 보여는 것으로 프로젝트 납기를 점검하거나 애로공정이나 주요 일정을 관리하는데 사용한다.

### 5.3.1 프로젝트 공정표의 종류

1900년대 중반에는 간트차트(Gantt Chart)나 바차트(Bar Chart)가 사용되었으나 1900년대 후반에 ADM방법이 주로 사용되었으나 최근에는 선후관계를 명확히 표시할 수 있는 PDM 방법이 많이 사용된다.

### 5.3.2 바차트

통상적으로 사용하는 프로젝트 공정표로 간트차트 / 바 차트가 사용되는데 주요 공정간 수행되는 기간만을 막대로 표시하는 단순한 공정표이다. 단순한 프로젝트의 경우 이 공정표로 큰 문제가 없으나 복잡하거나 융합 프로젝트일 경우 복잡한 작업간의 연결을 볼 수가 없어 최근에는 거의 사용하지 않는다. 특히 납기관리 등이 가능하지 않은 단점이 있다.

[그림 5-12] 바 차트

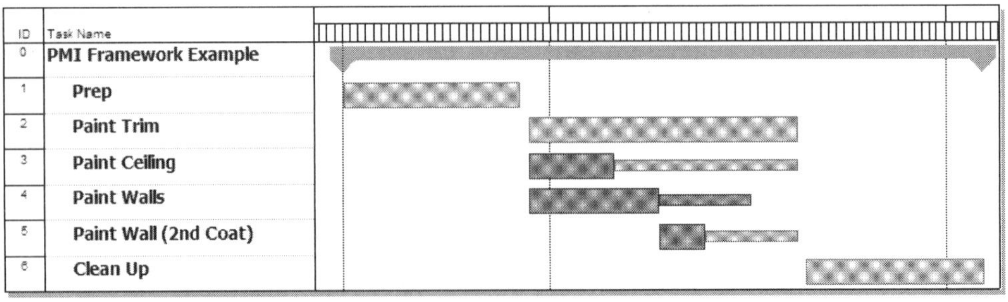

### 5.3.3 ADM 방법

간트차트 공정표가 납기관리에 한계가 있어 이를 해결하고자 ADM (Arrow Diagramming Method)을 초기에 사용하였다. ADM 방법은 Activity를 Arrow위에 표현, AOA (Activity On Arrow) 라고도 한다. ADM 방법은 복잡한 작업간의 관계 및 활동 선후를 연결하는데 애로가 있어 최근에는 PDM 방법을 사용한다.

[그림 5-13] ADM 방법

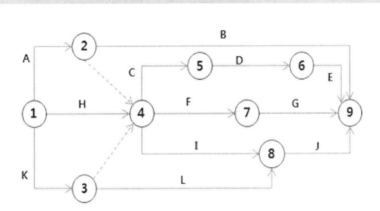

### 5.3.4 PDM 방법

PDM(Precedence Diagramming Method) 방법은 가장 많이 사용되는 방법으로 Activity를 Node위에 표현하고 있어, AON (Activity On Node) 라고도 한다. 이 방법은 활동 간의 시작과 종료뿐만 아니라 복잡한 선·후관계도 자유로운 표현이 가능하다. 단점 으로는 활동을 '□'로 표시하기 때문에 종이 위에 가시화 하는데 어려움이 많아 최근에는 프로젝트관리 시스템과 같이 사용한다.

[그림 5-14] PDM 방법

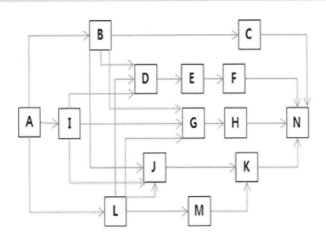

아래 표는 PDM과 ADM의 차이를 정리하여 설명한다.

[표 5-2] ADM 및 PDM 방법 비교

| 항목 | ADM 방법 | PDM 방법 |
|---|---|---|
| 특징 | Activity를 Arrow 위에 표현<br>AOA(Activity On Arrow) | Activity를 Node 위에 표현<br>AON(Activity On Node) |
| 연관관계<br>표현 | FS 관계만 표현 | 네 가지 관계 모두 표현<br>FS : Finish to Start<br>FF : Finish to Finish<br>SS : Start to Start<br>SF : Start to Finish |
| Dummy | 발생할 수 있음 | 발생하지 않음 |
| 활동 | ━━━▶로 표시 | ▢로 표시 |
| 활동 선후행 | ◯ | ━━━▶ |
| 선후행<br>의존관계 | 1가지 관계만 표현<br>S : Start      F : Finsih<br>FS | 4가지 관계로 표현<br>S : Start      F : Finsih<br>SS, SF, FS, FF |

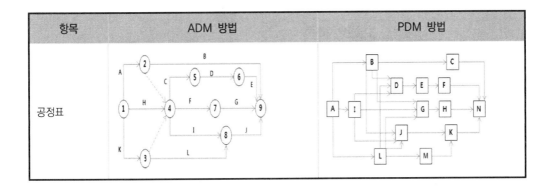

| 항목 | ADM 방법 | PDM 방법 |
|---|---|---|
| 공정표 | | |

## 5.3.5 마일스톤

간트차트, ADM, PDM외에 아래와 같은 마일스톤 차트(Mile Stone Chart)가 중요 일정을 관리하기 위해 보완적으로 사용된다. 마일스톤 차트는 프로젝트 수행 중 중요한 이벤트를 시점별로 관리하는데 사용된다.

### [그림 5-15] 마일스톤

| Event | Jan | Feb | Mar | Apr | May | Jun | Jul | Aug |
|---|---|---|---|---|---|---|---|---|
| Subcontracts Signed | | | ▲▼ | | | | | |
| Specifications Finalized | | | | ▲▼ | | | | |
| Design Reviewed | | | | | ▲ | | | |
| Subsystem Tested | | | | | | ▲ | | |
| First Unit Delivered | | | | | | | ▲ | |
| Production Plan Completed | | | | | | | | ▲ |

마일스톤 표 상에 프로젝트 정보를 나타내는 여러 가지 방법들이 고려된다.

WBS에서 Work Package를 정의하고, Work Package에서 정의된 활동들의 선·후행을 연결하여 프로젝트 공정표가 완성되면, 전진계산과 후진계산 방법을 사용하여 프로젝트 상세일정표를 작성하고, 납기 준수의 여부를 파악할 수 있게 된다. 아울러 납기를 준수하기 위하여 특별히 관심을 가지고 관리하여야 할 활동과 상대적으로 여유가 있는 활동을 파악할 수 있다.

이를 통해 프로젝트 실행 시 발생할 수 있는 문제나 위기 등을 예상할 수 있다.

### 5.4.1 상세 일정의 계산

활동별 상세 일정을 계산하기 위해 활동의 개시 가능일을 중심으로 일정을 계산하는 전진계산 방법과 활동의 완료일을 중심으로 완료시점 부터 활동별 일정을 뒤에서부터 계산하는 후진계산 방법이 사용된다.

### 5.4.2. 전진계산(Forward Scheduling)

프로젝트 착수 시점부터 작업의 선·후행 관계를 이용 상세일정표의 활동별 가장 빠른 착수일 ES(Early Start Date)와 가장 빠른 종료일 EF(Early Finish Date)를 구하고 최종 활동의 종료일인 납기를 구하는 것이다.

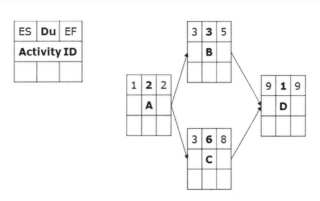

[그림 5-16] 전진계산 예

### 5.4.3 후진계산(Backward Scheduling)

전진계산으로 구한 최종 활동의 완료일을 기준으로 역산(逆算)하여 활동별 가장 늦은 착수일 LS(Latest Start), 가장 늦은 종료일 LF(Latest Finish)를 구하는 방법이다.

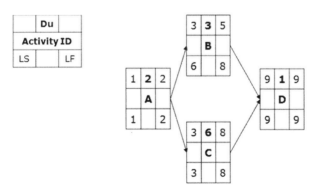

[그림 5-17] 후진계산 예

### 5.4.4 프로젝트 납기 점검과 주공정(Critical Path)

전진계산이 끝나면 최종 활동의 완료시점이 프로젝트 납기일이 된다. 이 납기일이 원래 약정한 계약기간을 준수하면 그 납기를 그대로 사용하면 되고, 납기를 준수할 수 없을 경우 활동 기간을 조정하여 납기 내에 프로젝트가 종료하도록 조정하여야 한다. 특히 여유일이 "0"인 활동들을 연결하여 일련의 공정을 선정하는 것이 매우 중요한데, 이 공정은 전체 일정에 영향을 미치는 일정으로 '주공정', '애로 공정', 'Critical Path'라고 한다.

### 5.4.5 프로젝트 여유공정

프로젝트 납기에 영향을 주지 않는 활동의 여유시간을 Total Float(TF)라고 하며 개별 활동의 LS와 ES의 차이를 의미한다. 또 다른 여유일은 Free Float(FF)로 후행 활동의 빠른 시작 일을 지연시키지 않고 선행 활동이 가질 수 있는 여유시간을 의미한다.

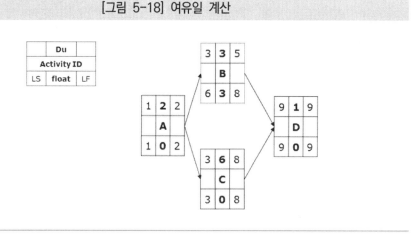

[그림 5-18] 여유일 계산

## 5.4.6 프로젝트 상세일정표

프로젝트의 일정계산이 끝나면 프로젝트를 구성하는 활동별로 전진계산에서 얻은 가장 빠른 개시일(ES)과 가장 빠른 완료일(EF), 가장 늦은 개시일(LS)과 가장 늦은 완료일(LF), 그리고 활동별 납기에 영향을 주지 않는 여유일(TF)로 상세일정표를 작성한다.

상세일정표는 주·월간 진척 보고시 사용하는 기초 자료일 뿐만 아니라 프로젝트 계획수립에 기초가 되는 중요한 자료이다. 특히 S-Curve작성, 자원 부하표 작성, IBR/PMB 그리고 프로젝트 성과관리에 사용되는 기초 자료이다.

---

**⊙ PMO's Kick ┃ 3. 일정상 버퍼 잡기**

SI 프로젝트를 착수하면서 제일 먼저 하는 일 중 하나가 일정 계획일 것이다.

보통은 PM 이하 관리팀에서 큰 마일스톤을 먼저 정하게 된다. 사실 이 부분은 거의 형식적으로 흐르기 쉽다. 완료일이 정해져 있는 공공 SI 프로젝트의 운명이랄까, 숙명이랄까, 아무튼 "강제 완료"이 있기에 "강제 마일스톤"이 필연적으로 생기게 되어있다. 프로젝트 특성을 고려하긴 하지만 거의 통상적인 비율로 완료일에서 역산하여 중요 단계 완료일을 정한다.

그 다음은 각 단위 업무팀에게 내려 구체적인 세부일정을 세우도록 한다. 여기선 크게 두 분류로 나눈다. 큰 중요 일정 잡듯이 세부 일정 역시 형식상 대충 끼워 맞추는 것과 나름대로 팀원들이 고민을 해서 주어진 여건(?)에 최대한 현실적인 일정이 되도록 하는 것이 있다. 이렇게 정해진 일정으로 프로젝트가 시작되면 참으로 엄청난 프로젝트관리가 필요하게 된다.

여기서 관리팀은 관리팀대로, 명석한 수행팀은 수행팀대로 히든카드를 하나 준비한다. 이른바 "버퍼"라는 것이다. 일정에 대한 안전장치인 것이다. 이 버퍼를 잡는 기준은 아이러니하게도 관리와 수행이 상반되는 관점을 갖고 가져가려 한다. 관리는 최대한 완료 시점을 앞당기려고 한다. 수행은 최대한 뒤로 늦추려고 한다. 이런 이유로 종종 사업 초기부터 두 팀 혹은 PM과 팀원 사이에 갈등이 생기기도 한다.

PMO는 PM 입장에 조금은 더 기울어져 있으므로 어떻게든 일정을 앞당겨 놓으라고 말하고 싶다. 가장 좋은 핑계는 역시 고객이다. 고객이 이 시점에서 시범운영을 원한다 등으로 강력하게 주장하는 것이다.

이 때 가장 중요한 것은 PM 혼자 이 버퍼(?)를 알고 있어야 한다는 것이다. 물론 사전에 고객과 및 PMO와 작전(?)은 끝나 있어야 한다. - 보통 이 의도로 계획을 얘기하면 대개 고객들은 좋아하는 편이다. 그렇지 않으면 이 조치는 아무런 효과를 발휘하지 못한다. WBS에 완료 일정은 한 달 전에 끝나는 것으로 되어 있어도 프로젝트 팀원 눈에는 그 한 달이 없다. 오히려 느긋하게 생각되어 일정 관리에 엉망이 될 수도 있다. 특히 위에서 얘기한 것처럼 그 와중에 개발팀 자체적으로 일정을 늘려놓은 버퍼까지 있다면 치명적이다.

일정은 다음 단계 또는 차월에 대해 다시 세부적인 일정을 수정하는 방법을 사용하는 것이 좋다. 이 때는 반드시 PM 또는 관리팀만 하는 게 아니라 팀원 전체의 참여해 인식과 공감을 같이 해야 함은 물론이다.

[표 5-3] 프로젝트의 상세일정표

| 활동 | 선행작업 | 기간 | ES | EF | LS | LF | TF |
|------|----------|------|----|----|----|----|----|
| A | None | 2 | 1 | 2 | 1 | 2 | 0 |
| B | A | 3 | 3 | 5 | 6 | 8 | 3 |
| C | A | 6 | 3 | 8 | 3 | 8 | 0 |
| D | B, C | 1 | 9 | 9 | 9 | 9 | 0 |

프로젝트 내비게이터 S-Curve

프로젝트가 납기 내 종료하는 것을 확인하기 위해 프로젝트 활동비나 중요한 자원 및 지표를 이용하여 프로젝트 개시부터 납기까지 프로젝트 진행 추이를 살펴볼 수 있는 것이 프로젝트 S-Curve이다. 이를 통해 프로젝트가 건강한가, 아닌가, 그리고 과연 프로젝트를 납기 내 종료할 수 있을까 주어진 상황에서 예측하게 된다.

마치 자동차의 내비게이션처럼 프로젝트의 계획을 S-Curve로 보여준다. 또 프로젝트의 대안을 평가할 때, 기존 S-Curve와의 차이를 통해 대안의 우수성을 평가하기도 한다.

[그림 5-19] S-Curve 사용한 계획 및 진척 비교

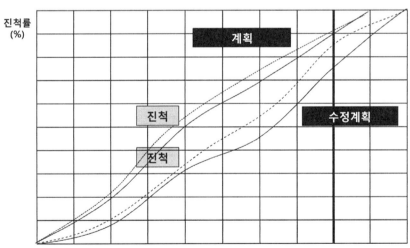

## 5.6 ▏철저한 계획 수립

통상적으로 우리는 계획을 수립하였으나, 그것이 성공할 것인가를 검토하지 않는 경우가 많다. 철저한 계획이란 목표를 달성한 수 있는 계획, 구현할 수 있는 계획을 의미하는 것으로 궁극적으로 프로젝트의 성공을 보장해야 한다.

고객의 "요구사항"을 "작업"으로 정의하고 "활동"으로 구체화되면, 이를 기초로 납기와 비용을 달성할 수 있는 활동 별 구체적 일정계획과 비용계획을 수립한 뒤 프로젝트 성공 여부를 판단해야 한다. 성공할 수 없는 계획이라면 투입된 자원의 가용성을 높이거나 아니면 주공정의 일정을 단축하여 납기와 원가를 달성할 수 있는 계획을 수립해야 한다. 이를 기초로 위기를 정의하고, 투입된 자원의 내용과 일정, 구매계획, 의사소통계획, 품질계획 등을 수립하여 프로젝트관리계획서를 작성한다.

### 5.6.1 기초계획 및 상세계획 수립

프로젝트 계획수립은 기초계획(Base Planning)과 상세계획(Detail Planning)으로 구성되는데 기초계획은 프로젝트 상세계획을 수립하기 전 프로젝트 납기 및 안전성을 점검하기 위해 필요하다.

[그림 5-20] 기초계획 및 상세계획

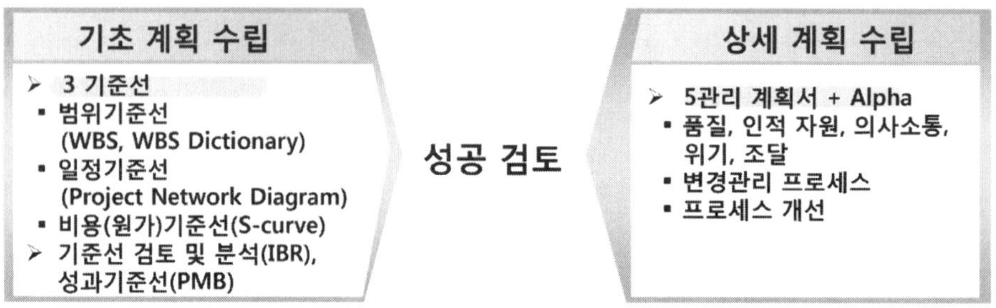

**기초 계획 수립**

- ➤ 3 기준선
  - 범위기준선 (WBS, WBS Dictionary)
  - 일정기준선 (Project Network Diagram)
  - 비용(원가)기준선(S-curve)
- ➤ 기준선 검토 및 분석(IBR), 성과기준선(PMB)

**성공 검토**

**상세 계획 수립**

- ➤ 5관리 계획서 + Alpha
  - 품질, 인적 자원, 의사소통, 위기, 조달
  - 변경관리 프로세스
  - 프로세스 개선

프로젝트 계획은 기초계획을 기반으로 상세계획을 수립하여 계획단계 최종 산출물인 프로젝트관리계획서를 작성하는 절차로 이루어진다.

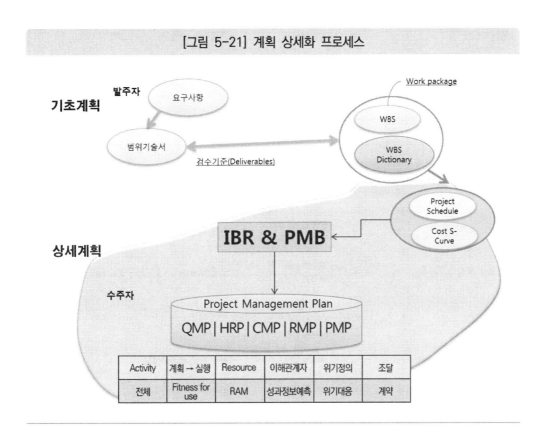

[그림 5-21] 계획 상세화 프로세스

이를 실제 업무에 적용하기 위해 위 그림과 같이 프로세스 흐름으로 정리하였고, 필요한 도구 방법론 또한 다음 표와 같이 상세하게 정리하였다.

[표 5-4] 철저한 계획수립 프로세스 목록

| 프로세스 명 | 21500 | PMBOK | 입력 | 출력(산출물) | 도구나 방법론 | 비고 |
|---|---|---|---|---|---|---|
| 활동선·후행 정의 | ● | ● | 활동목록표 | 프로젝트 공정표 | PDM | |
| 활동기간 견적 | ● | ● | WBS Dictionary 활동목록표 | 활동별 기간 산정 | PERT/CPM | |
| 상세일정표작성 | ● | ● | 프로젝트 공정표 활동기간 견적표 | 상세일정표 | 전진/후진 계산법 | |
| 납기점검 및 조정 | | | 상세일정표 | 납기 확인 후 최종 상세 일정표 | 전진/후진 계산법 | |
| 활동원가산정 | ● | ● | 투입자원임률 상세일정표 | 활동별 원가표 | | |
| 프로젝트 예산 | ● | ● | 활동별 원가표 간접비, 예비비 | 전체 예산 | | |
| S-Curve 작성 | ● | ● | 활동별 원가표, 상세 일정표 | S-Curve | S-Curve | |
| Baseline검토 | | | 누계 원가표 S-Curve 상세일정표 | Baseline 분석보고서 | IBR | |
| Baseline 설정 | | | 분석보고서 | 최종 Baseline 설정 | | |
| 상세일정표 조정 | | | 상세일정표 | 최종 상세일정표 | | |
| WBS Dictionary 수정 | ● | ● | | 최종 WBS Dictionary 작성 | | |
| 상세계획서(5관리) 작성 | ● | ● | 최종 상세일정표 S-Curve 5관리 계획서 | 상세계획서 | | |
| 프로젝트관리 계획서 작성 | ● | ● | 상세계획서 | 프로젝트관리 계획서 | | |
| 프로젝트관리 계획서 합의 | | | 프로젝트관리계획서 | 최종 합의 | | |

## 5.6.2 계획 수립 및 납기 점검

기초계획을 통해 고객이 요구한 요구사항과 프로젝트 수행을 위해 정의한 "작업"들이 누락되지 않도록 범위기준선(Scope Baseline)을 설정한다. 정의한 "작업"들이 프로젝트 수행 시 납기 준수 가능여부를 확인한다. 활동의 상세일정을 일정기준선(Time Baseline)으로 설정하고, 이에 따른 예산의 누적 투입곡선을 검토한다. 예산 및 자원의 투입 가능여부를 검토하고, 문제가 없을 경우 이를 확정함과 동시에 비용(원가) 투입기준선(Cost Baseline)을 확정하고, 기초계획 수립을 완료한다.

작성된 계획이 납기를 초과한다고 판단된 경우, 가용자원을 추가하지 않으면서 일정을 단축할 수 있도록 Critical Path(주 공정)를 다시 점검하거나 추가 자원을 투입하되 최소화하는 방향으로 최종 일정계획을 수립하고 범위, 일정, 원가의 기준선을 확정한다.

## 5.6.3 상세계획수립과 프로젝트관리 계획서 작성

상세계획은 기초계획에서 수립한 납기 확정과 자원, 비용투입계획을 기초로 위기를 우선 정의하고 인식, 분석, 평가, 대응계획을 수립한다. 프로젝트 품질 정의 및 관련 결과물의 검수 기준 등을 정립하고, 의사소통 방법과 절차 등 의사소통계획을 수립한다. 마지막으로 프로젝트 추진 조직원의 역할 및 책임을 정의하고 외주 계약을 포함한 조달 계획을 준비한다.

프로젝트관리계획서는 기초계획과 상세계획을 종합 정리하여 작성한 문서로 수행사가 이를 고객에게 제출하고 협의를 거쳐 확정하게 된다. 합의된 프로젝트관리계획서는 계획 수립단계의 최종 문서로 프로젝트관리의 가장 기본이 되는 중요한 산출물이다.

**사전관리 중심의 위기 관리**

우리는 위기의 의미를 대부분 사후관리의 의미로 해석하는데 위기란 사전관리이다.

프로젝트 추진 중 발주자와 수행사 모두 착수단계나 계획단계, 수행단계에서 장애가 예상되는 여러 요인들을 위기로 정의하여 관리한다. 프로젝트 초기에는 과거의 경험이나 유사 프로젝트 수행 시 경험을 통해 고려해야 할 선제 위험요소를 정의, 등록한다. 계획단계는 프로젝트 수행 중 우려되는 사항을 관련 이해관계자들이 모여 발생가능성에 따라 위기를 사전에 정의하고, 구체적인 대응계획을 수립한다. 프로젝트 수행 중 우려되는 상황이 새롭게 도출되면 신규 위기를 등록하여 관리하게 된다.

프로젝트 위기관리는 사전관리로서 위기가 일어나지 않게 하는 것이고 위기가 발생되어도 그 영향력을 최소화할 수 있도록 대응계획을 철저하게 수립하는 것이다. 이를 위해 프로젝트 중 위기와 관련된 징조, 징후를 조기에 발견하고 차단해야 한다.

위기는 사전에 징조, 징후만 탐지하면 위기로 발전시키지 않고 징조, 징후에서 해결될 수 있는 내용으로 철저히 준비하고 계획수립만 잘하면 효과를 볼 수 있다.

**[그림 5-22] 위기관리 프로세스**

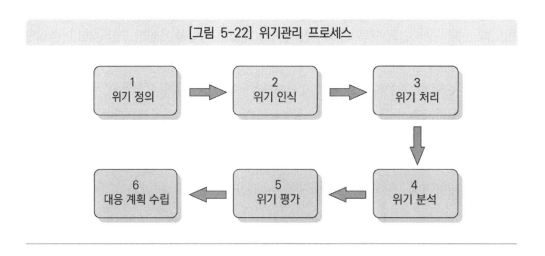

또 위기관리 관련 구체적 프로세스 목록은 다음과 같다.

[표 5-5] 위기관리 프로세스 목록

| 프로세스 | | | 입력 | 출력(산출물) | 도구나 방법론 | 비고 |
|---|---|---|---|---|---|---|
| 명 | 21500 | PMBOK | | | | |
| 위기정의 | | | 프로젝트 관리계획서 | 위기등록 | | |
| 위기인식 | ● | ● | 위기등록 | 위기등록 | | |
| 위기분석 | | | 위기등록 | 변경요청서 영향분석 | | |
| 위기평가 | | | 위기등록 | 위기등록 | | |
| 대응계획수립 | | | 위기등록 | 대응계획 | | |

이를 실제 업무에 적용하기 위해 프로세스 흐름([그림 5-23] 참조)으로 정리하였다.

[그림 5-23] 위기관리 프로세스 상세 흐름도

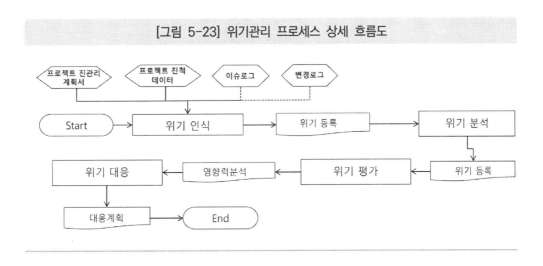

## 5.7.1 징조, 징후 그리고 위기

위기는 일어날 수 있고 안 일어날 수도 있다. 다시 말해 위기를 잘 관리할 경우 문제로 발전되지 않고 안 일어날 수도 있다. 위기가 발전되면 "문제" 또는 "사건"이 되고 그렇지 않으면 어떠한 일도 일어나지 않는 것이다.

1:29:300의 법칙으로 알려진 하인리히 법칙(Heinrich's Law)은 산업재해가 발생하여 중상자가 1명 나오면, 그 전에 같은 원인으로 발생한 경상자가 29명, 같은 원인으로 부상을

당할 뻔한 잠재적 부상자가 300명 있었다는 것이다. 다시 말해 위기가 현실화되어 문제가될 때까지 수많은 징조나 징후가 사전에 표출되는 것이다. 만약 징조, 징후(Concerns)를그대로 방치한다면 문제가 발생하게 된다. 하지만 징조, 징후를 하나씩 잘 해결한다면 위기가 만들어지는 것을 사전에 막을 수 있다. 훌륭한 프로젝트관리자나 프로젝트관리 전문가가 되려면 위기와 관련된 징조나 징후를 감지하는 능력을 겸비해야 한다. 이러한 능력은교육과 훈련으로 가능하다.

[그림 5-24] 징조, 징후에서 위기까지 관리

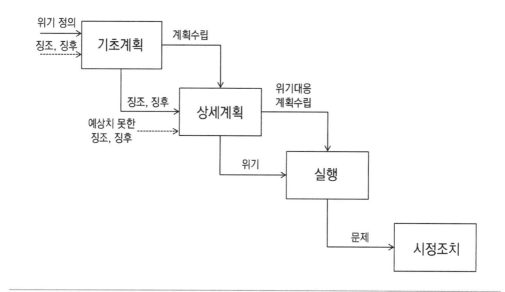

- 작업기간이 비현실적이다.
- 프로젝트 수행요원이 불충분하다.
- 장비도 불충분하다
- 책정된 예산은 부족하고, 그래서 프로젝트 비용이 초과된다.
- 사람(인력)문제가 발생한다.
- 협력업체들은 말을 안 듣는다.

다음은 공공 프로젝트를 할 때 우리가 늘 경험하기 때문에 미리 예측할 수 있는 위기 요소이다.

- 예산 : 프로젝트와 직접 관련된 예산만 확보되며, 예비비가 전혀 없다.
- 역할과 책임 : 역할과 책임이 불분명하며, 인력간 비협조적이고, 업무 배정이 균형을 잃는다.
- 전문성 결여 : 전문지식이 결여되고, 빈번한 교체가 발생한다.
- 개발 프로세스 : 사업 내용에 대비하여 부적합하게 정의되어 있어 일정지연, 비용초과가 발생한다.
- 프로젝트 계획 : 범위가 애매모호하고, 추정하기가 곤란하다.
- 프로젝트 인터페이스 : 복합적 인터페이스로 요구사항을 명확하게 규명하지 못하고, 기술적 제약이 발생하며, 일정조정과 프로젝트 통제성이 상실된다.
- 시스템 엔지니어링 : 아키텍처, 인터페이스 설계 정의 불충분으로 백화점식 아키텍처가 이루어진다.
- 요구사항 : 프로젝트 종반에도 변경되어 일정지연 및 예산추가 부담이 발생한다.
- 일정 : 뜻하지 않은 문제가 발생하여 납기를 맞추기 어렵다.
- 고객 : 인수 준비가 부족하고, 운영조직이 미비하여 프로젝트를 종료할 수 없다.
- 테스트 : 테스트 프로세스의 불충분한 정의 및 테스트 툴과 자료가 미흡하다.

공감하는가?
위에 열거한 모든 위기가 하나도 빠지지 않고 일어난 프로젝트를 난 2번 경험했다.
그리고 지금은 무척 반성한다.
미리 예견할 수 있는 위기라면 왜 미리 대책을 마련하지 않았는지?
즉, 위의 일이 발생할 때 아무런 대책이 없다면 아직 PM도 PMO도 아닌 것이다.

## 5.7.2 위기의 정의와 인식

위기는 정성적인 기준으로 판단하고, 분석하는 것이 합리적이다. 누가 수행하느냐에 따라 위기로 정의될 수도 있고, 그렇지 않을 경우도 있다.

프로젝트 수행 중 어떤 위험요소가 위기로 발전되어 프로젝트에 영향을 미치는가를 분석하여 위기가 발생되는 특성을 정의하고, 이를 실제 상황에서 어떻게 인식하는가를 결정해야 한다. 위기는 프로젝트관리자, 프로젝트 팀원, 위기관리 팀원, 프로젝트 팀 외부 전문가,

고객 및 사용자 등이 프로젝트 계획 수립 초기에 모여 프로젝트 추진 중 발생될 수 있는 예상 위기에 대해 토론하고, 필요하다면 프로젝트의 위기로 정의하여 효과적으로 관리하도록 한다. 가급적 참가자들이 언급한 모든 위기에 대해서 정리하고, 체계화할 필요가 있다.

프로젝트를 성공시키기 위해서 예상되는 가능한 위기를 프로젝트 초기에 정의하고, 이에 대한 대응계획을 수립한 후, 실행단계에 들어가야 위기의 영향력을 관리하고, 위기가 발생해도 그 피해를 최소화할 수 있다. 특히 주의할 것은 유사한 프로젝트라고 해서 같은 위기를 반복하지 않는다는 것이다. 따라서 프로젝트 위기는 수행 조직원이 모두 모여 자신의 경험을 토대로 위기를 정의하고, 구체적인 대응계획을 수립해야 한다.

앞서 말한 것처럼 위기는 계획 단계에 정의하여 WBS Dictionary의 해당 Work Package에 정리되어야 하고, 위기ID를 사용하여 지속적으로 관리하여야 한다. 계획으로 정의된 위기 외에도 실행 중 발생되는 위기도 있는데 이 경우도 위기ID로 등록하고, 위기 관련 속성과 함께 지속적으로 관리하여야 한다. 정의한 위기가 프로젝트 수행 중 발생될 확률이 높아지면 본격적으로 영향력 분석과 함께 관리되고, 위기가 일어나지 않도록 대응계획을 수립하게 된다.

[그림 5-25] 위기ID의 관계도

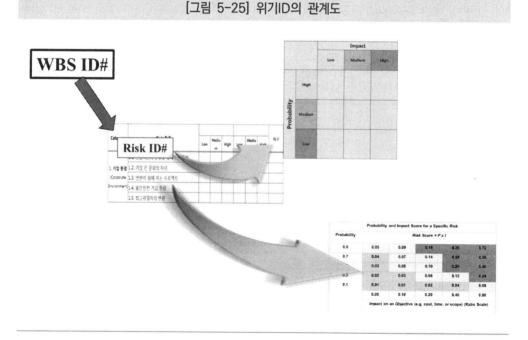

## 5.7.3 위기 분석

위기 분석은 주로 정성적인 것과 정량적인 것으로 진행한다.

불확실성에 따라 같은 위기라도 프로젝트에 주는 영향이 상황에 따라 달라진다. 위기의 영향력과 확률에 대한 평가는 어떤 사람이 프로젝트에 참여하느냐에 따라 다를 수 있어 주관적인 요인이 상당하다고 말할 수 있다. 위기 우선순위는 발생 확률과 영향의 함수에 의해 결정되기 때문에, 이를 조합하여 만든 확률-영향 위기 등급 매트릭스를 통해 영향력 정도를 나타낼 수 있다. 이와 같이 위기를 식별하고, 그 영향력을 예측해야 위기에 대해 효과적인 대응이 가능하다.

정성적 위기 분석은 식별된 위기의 우선순위를 평가하고 원가, 일정, 범위, 품질관련 위기가 발생하면 정석적인 분석방법과 도구를 활용하여 그 위기의 확률과 영향력을 평가하는 과정이다.

[표 5-6] 위기의 영향도 결정

| 프로젝트 목표 | V. Low (0.05) | Low (0.1) | Moderate (0.2) | High (0.4) | Very High (0.8) |
|---|---|---|---|---|---|
| 원가 (Cost) | 약간의 원가증가 | 〈5% 원가증가 | 〈5~10% 원가증가 | 〈10~20% 원가증가 | 〉20% 원가증가 |
| 일정 (Schedule) | 약간의 공기지연 | 〈5% 공기지연 | 〈5~10% 공기지연 | 〈10~20% 공기지연 | 〉20% 공기지연 |
| 범위 (Scope) | 거의 없음 | 범위의 일부분야 영향 | 범위의 주요분야 영향 | 범위의 감소 승인불가 | 프로젝트 제품 불용 |
| 품질 (Quality) | 거의 없음 | 품질의 일부분야 영향 | 품질의 저하 고객 인정 | 품질의 저하 고객 불인정 | 프로젝트 제품 불용 |

위의 기준은 정성적이어서 사용자나 상황에 따라 임의로 바뀔 수 있다. 이 기준에 의해 그 영향력을 아래와 같이 확률-영향 매트릭스로 정리될 수 있다.

## [그림 5-26] 등급별 영향력 분석

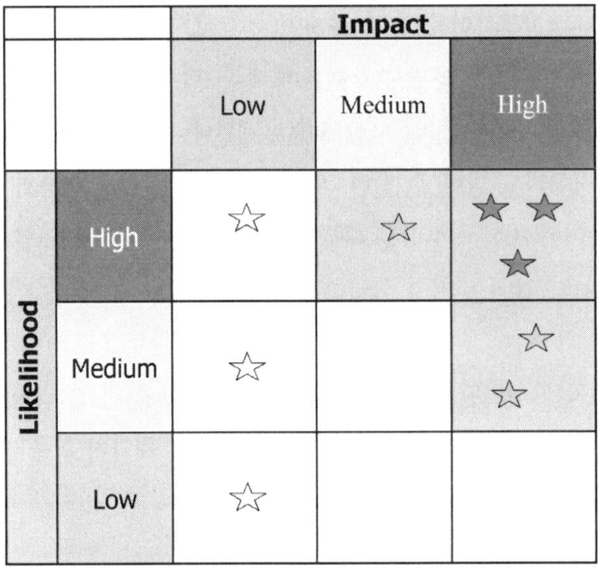

|  |  | Impact | | |
|---|---|---|---|---|
|  |  | Low | Medium | High |
| **Likelihood** | High | ☆ | ☆ | ★ ★ ★ |
|  | Medium | ☆ |  | ☆ ☆ |
|  | Low | ☆ |  |  |

## [그림 5-27] 위기 영향력 분석

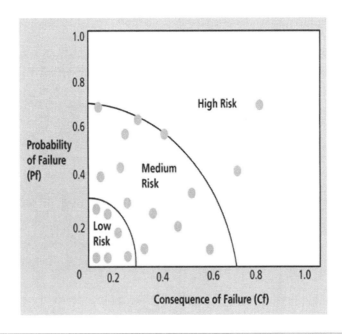

실제 프로젝트에서 위기의 영향력은 프로젝트 후반으로 갈수록 극대화 되며, 전체 프로젝트에 막대한 지장을 초래하게 된다. 그 이유는 프로젝트 전체 비용의 90% 가까이 소모된 시점이라 추가 자원 투입이 어렵고, 또 납기까지 시간도 얼마 남지 않아 지연이 우려되기 때문이다.

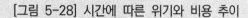

[그림 5-28] 시간에 따른 위기와 비용 추이

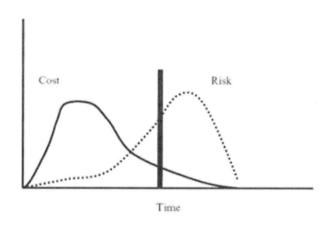

진척 관리 및 통제

진척관리(Progressive Review & Control)란 프로젝트 계획과 실행을 비교하여, 이를 정기적으로 보고하며, 그 내용을 토대로 계획과 실행 사이에 차이가 큰 활동을 통제 대상으로 식별한 후 이에 대한 원인을 파악 및 분석한 후, 해결방법을 찾고 이행하는 것을 말한다.

[그림 5-29] 계획과 실행의 원인 및 차이분석

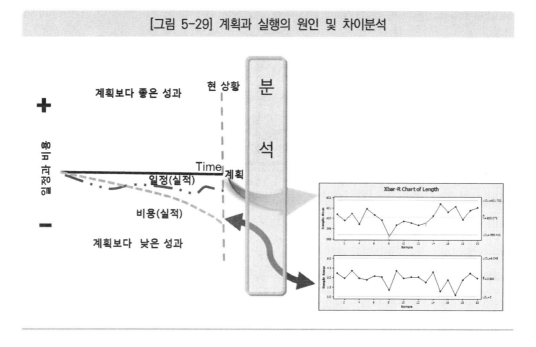

### 5.8.1 진척보고

진척보고는 정기적으로 보고가 이루어지는데, 보통 주 단위 또는 월 단위로 진행된다. 진척보고에는 해당 기간을 중심으로 선행, 후행 기간의 내용을 보고한다. 보고의 내용에는 통상적으로 활동별 계획과 실행일자, 그리고 지연여부 등을 보고하고, 프로젝트 중에 관리해야 할 이슈, 위기, 변경 등을 보고한다. 그 외에 월간 보고에는 프로젝트 전체, 부문별 진척현황, 신속히 의사결정 하여야 할 여러 사항이 포함된다.

계획과 실행이 같은 경우는 극히 드물다. 좋은 프로젝트란 계획과 실행이 거의 일치하는 것이다. 따라서 계획과 실행을 철저히 비교·분석하여 납기지연과 비용초과 원인을 사전에 예방해야 한다. 프로젝트 일정표, 자원소요량, 원가누적 S-Curve 등 데이터에서 유의할 점은 숫자가 아닌 숫자로 연결된 추이이다.

지속적으로 지연되는 활동, 납기와 관련된 주 공정에서 지연이 발견되거나 징조나 징후가 나타나면, 프로젝트 팀은 지체 없이 이슈로그나 변경로그에 등록하고, 진척상황을 관찰한 후 그 영향력을 조사, 분석 후 필요에 따라 이슈보고서나 변경요청서를 작성하여 대응한다.

이슈를 발의 또는 처리요구 등 형태로 등록하게 되는데, 발의의 경우 계속적으로 모니터링하고, 처리요구의 경우 이슈보고서를 작성하여 해결될 때까지 지속적으로 감독한다.

변경요청은 상황에 따라 변경통제로 발전할 수 있다. 또 진척상황에 따라 프로젝트는 정기적으로 성과를 점검하고, 현 계획을 계속 유지할 수 있는지 여부를 점검하고, 유지하기 어려운 경우는 계획의 내용을 변경, 조정하는 변경 통제로 처리한다.

이를 위해 관련 프로세스로 정리하면 아래와 같다.

[표 5-7] 진척보고 상세 프로세스 목록

| 프로세스 | | | 입력 | 출력(산출물) | 도구나 방법론 | 비고 |
|---|---|---|---|---|---|---|
| 명 | 21500 | PMBOK | | | | |
| 프로젝트 진척데이터 점검 | • | • | 프로젝트 진척데이터 | 진척보고서 | EVM | |
| 이슈로그 점검 | | | 이슈로그 | 이슈보고서 | | |
| 변경로그 점검 | | | 변경로그 | 변경요청서 | | |
| 위기등록 점검 | | | 위기등록 | 위기등록 | 영향력 분석 | |

늘 정기적으로 보고하는 "주간보고" 역시 예외가 아니다. 가장 전형적인 내 일만 신경쓰는 회의 자리이다. 하지만 그 영양가 없는 회의를 하는 가장 진정한 이유는 이 팀에서 발표하는 내용 중 다른 팀에게 영향을 미치거나 다른 의견이 있거나 참조할 만한 내용이 혹시나 나올지도 모르기 때문이다.

이런 회의에 이 점을 간과하고 그냥 보고 자리로만 생각하고 끝내는 관리자가 있다면 그 역시 자격 미달이다. 그런 것은 회의할 성격이 아니고 그냥 각자 보고자료를 보내기만 하면 되는 것이다. 누군가가 낸 의견에 다른 사람들의 반응을 챙기고 다른 의견이 없는 유도하는 것이 그는 역할이다.

언젠가 엄청나게 큰 프로젝트에 참여한 적이 있다. 금융권 프로젝트였는데, 그 보험회사의 모든 시스템을 다운사이징화 하는 것이었다. 하도급은 규모에 걸맞게 (갑) 을-병-정-무-기-경까지 내려갔던 것 같다. 한 번은 전체 PM급 회의로 당시엔 처음 본 엄청나게 큰 회의실에 모두 모인 적이 있었다. 회의 성격은 이슈를 정리하고 그에 따른 역할을 정의하는 것이었다. 그 회의에서 머리 굴리는(?) 소리를 최초로 들었다. 겉으로 웃거나 혹은 엄살을 부리지만 다들 나름대로 계산을 열심히 해대고 있었다. 얼마나 많은 브레인들이 머리를 돌렸으면 그 소리를 들었을까.

말 한마디를 잘못하면 그 업무가 자기에게로 휙 오기도 하고, 업무가 없어지기도 했던 것이다. 그 프로젝트에서 우리 팀은 문제가 되는 위험을 제거하기 위해 담당자와 거의 한 달간을 싸우기만 했었다.

회의에 참석했으면 그것에 집중하고 최대한 참여하는 것이 가장 회의를 잘 하는 방법이다.

## 5.8.2 통제

프로젝트 수행 중 정기적으로 프로젝트 진척을 확인하고, 납기지연이나 비용초과가 예상될 경우 이를 해결하기 위한 대책 또는 후속계획을 조기에 수립하여 피해를 최소화하여야 한다. 그러나 우리나라의 경우 정확한 계획을 수립하지 않고, 형식적으로 보고용 계획을 수립하기 때문에 이루어져 크게 도움이 되지 않는다.(예: 총 예산 대비 실투입 또는 마일스톤 중심 관리)

측정 시점에서 계획과 실적을 비교·분석을 통해 납기에 영향을 줄 경우, 현 계획 하에서 납기 만회가 가능한지 아닌지를 검토하고, 이슈나 변경 요청 등 정당한 절차에 의해 통제한다. 납기 외에도 자원의 급격한 변동이나 개인별 팀 별 갈등 등을 조사하고 그밖에 발주자와 수주자 간 발생하는 다양한 이슈(진척이나 계획서에 없는 비용)에 대해 이슈로그에 올리고 통제절차를 갖게 한다.

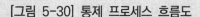

[그림 5-30] 통제 프로세스 흐름도

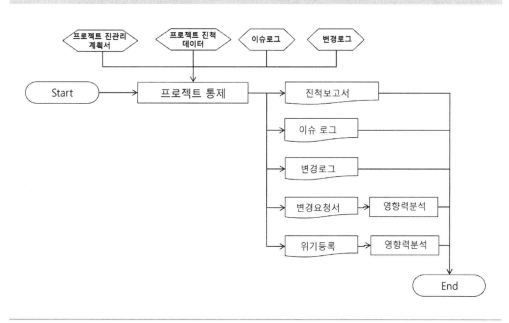

문제가 발생했다면 최대한 빨리 처리할수록 비용을 최소화할 수 있다. 신속한 처리가 이루어지지 않으면 최악의 경우, 정상적인 처리 비용의 400배 이상 비용을 들여 프로젝트를 만회해야만 한다.

프로젝트관리 조직으로서 이러한 돌발 상황에 직면하면 관련 이슈를 신속하게 처리하는 능력을 갖춰야 한다. 하지만 실제로 그렇지 못한 경우가 빈번히 발생한다. 따라서 반드시 수정하거나 요구할 것이 있을 경우, 그 즉시 처리하는 것이 관련 영향력이나 비용을 최소화하므로 신속하게 의사결정하고 행동해야 한다.

[그림 5-31] 수명주기별 만회 비용

| 정의/필요성 | 구체적인 개념설계 | 상세 설계 | 구현/구축 | 납품 인도 후 |
|---|---|---|---|---|
| $1 | $5 | $25 | $100 | $1000 |

Adapted From: Moller in Software Quality & Reliability Ed. Ince

## 5.9 변경절차 및 통제절차 이행

우리나라 사례를 보면, 발주자가 프로젝트 계획단계가 아닌 구현단계 중에도 많은 요구사항을 내놓는다. 이처럼 새로운 요구사항이 나오면, 프로젝트관리자를 포함, 실무자들은 프로젝트에 끼치는 영향을 제대로 조사하지 않고 수용하는 경우가 많다. 이는 프로젝트 성공에 지대한 영향을 끼치는 행위로 새로운 요청이나 이상한 문제가 발생될 경우, 프로젝트 팀은 통합변경 통제 프로세스에 의해 변경요청 절차를 철저하게 이행하여 수행해야 한다.

프로젝트에서 변경을 일으키는 원인은 광범위하다. 몇 가지 핵심적인 원인을 [그림 5-32]에 표시하였다.

[그림 5-32] 요구사항 변경요인

- ■ 이해관계자의 확대 또는 증가
- ■ 예산의 잦은 변경
- ■ 신기술의 발달
- ■ 경쟁 환경의 도래
- ■ 사람들의 심적 변경
- ■ 프로젝트 상황에 의한 변경

- ➢ 요구사항의 추가/정정/삭제
- ➢ WBS Dictionary의 변경
- ➢ 일정의 단축
- ➢ 팀원의 교체/변경/추가
- ➢ 프로젝트 비용의 수정/증가
- ➢ 산출물/결과물의 수정
- ➢ 의사소통방법의 변경

새로운 요구사항이 추가될 경우 계획 수정이 불가피하다. 특히 프로젝트의 안정성을 해칠 수도 있다. 단지 일정만 지연되는 것이 아니라 납기나 품질에 지대한 영향을 끼칠 수도 있다는 것을 명심해야 한다.

새로운 요구사항이 추가될 경우가 발생되면, 관련자는 우선 변경로그(Change Log)에 등록하고, 변경해야 한다고 판단될 경우, 변경요청서를 작성하여 변경을 위한 절차를 이행해야 한다.

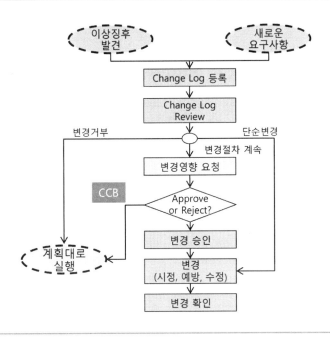

[그림 5-33] 기본적 변경 프로세스

이를 관련 프로세스를 정리하면 다음과 같다.

[표 5-8] 변경 프로세스 목록

| 프로세스 | | | 입력 | 출력(산출물) | 도구나 방법론 | 비고 |
|---|---|---|---|---|---|---|
| 명 | 21500 | PMBOK | | | | |
| 프로젝트 변경통제 | · | · | 프로젝트 진척데이터 | 이슈로그<br>변경로그<br>위기등록 | | |
| 이슈로그 점검 | | | 이슈로그 | 이슈보고서 | | |
| 변경로그 점검 | | | 변경로그 | 변경요청서 | | |
| 위기등록 점검 | | | 위기등록 | 위기등록 | 영향력 분석 | |
| 변경위원회 개최 | | | 변경요청서 | 회의록 | | |

통합변경통제는 변경을 관리하는 프로세스로 변경 내용을 검토, 승인, 이행까지 절차를 투명하게 관리한다. 변경절차에 따라 계획한 내용과 실제 결과를 비교하는 과정에서 프로

젝트를 확대, 조정, 축소해야 하는 경우가 발생할 수 있다.

이를 실제 업무에 적용하기 위해 아래 [그림 5-34]와 같이 프로세스 흐름으로 정리하였다.

**[그림 5-34] 통합변경통제 프로세스 흐름**

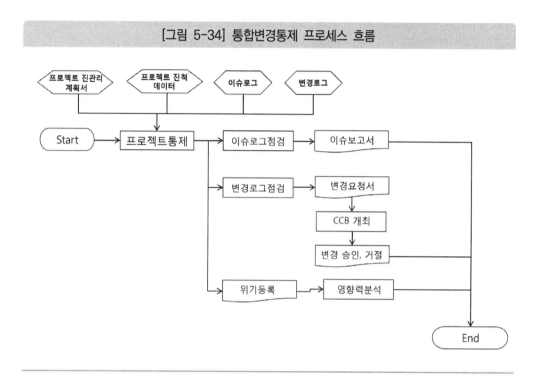

## 5.9.1 변경 로그 등록 및 코드화

프로젝트 실행 중에 변경을 해야 할 경우가 발생하면, 담당자는 일단 변경로그(Change ID)에 변경요청을 위한 등록을 한다. 변경로그는 변경 사유와 변경이 다른 작업에 끼치는 영향, 필요한 내용, 처리자, 처리 요청일자 등의 정보를 담당자 의견으로 작성하는 과정이다. 변경로그에 등록이 끝나면 생성된 변경 코드에 의해 통합변경통제 프로세스 절차를 이행한다.

[그림 5-35] Change ID의 관계도

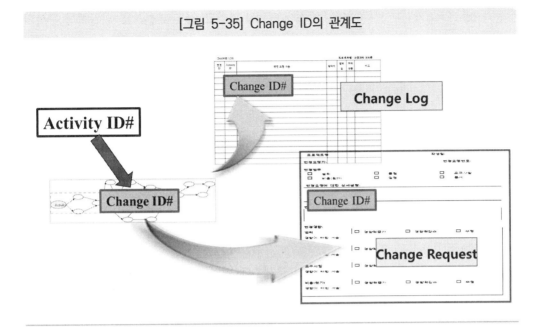

## 5.9.2 변경 영향력 분석

변경로그에 등록된 변경은 변경 내용에 따라 즉시 처리될 수도 있지만, 여러 의견을 종합해 의사결정할 필요가 발생하면, 담당자에게 변경요청서를 작성하도록 요청하고, 변경으로 인해 다른 업무에 끼치는 영향을 상세하게 분석하는 과정이 필요하다. 특히 변경이 이행될 경우 관련된 후행 작업에 끼치는 일정과 품질의 검토가 반드시 필요하고, 프로젝트 전체적으로 납기와 비용에 끼치는 영향을 면밀히 조사해야 한다.

## 5.9.3 변경의 승인 또는 거절

변경요청서가 접수되면 프로젝트관리자나 PMO는 변경 관련 이해관계자들로 변경통제위원회(CCB, Change Control Board)를 구성하고, 회의를 거쳐 최종적으로 변경을 승인할지 아니면 거부할지를 결정한다. 통상적으로 CCB는 투표나 거수를 통해 승인과 거부를 결정하는데 과반 수 이상이 변경이 타당할 경우 승인하고 그렇지 않을 경우 기각한다.

CCB는 한 조직 내에서 서로 다른 이해관계를 대표하는 소수의 사람들로 구성되어 있다.

통상적으로 기술(개발), 재무(관리), 마케팅(영업), 그리고 업무 부분으로 위원회가 구성되기 때문에, 위원회는 넓은 시각에서 변경요청을 이해하고 검토하여야 한다.

## 5.9.4 변경의 이행

변경이 승인되면 변경을 하고 이를 최종적으로 확인하게 된다. 변경이행을 최종 확인할 때까지 변경은 변경ID에 의해 관리한다.

## 5.9.5 ERB와 CCB

변경통제위원회는 통합변경통제 수행 프로세스에 변경 요청을 승인 또는 거부할 책임을 진다. 모든 문서화된 변경요청 사항은 수용 아니면 거절하여야 한다. 이러한 의사결정을 위한 변경통제 프로세스(Change Control Process)를 미리 프로젝트관리계획서에 그 절차를 정의하여야 한다.

프로젝트는 여러 가지 제약조건에서 수행된다. 범위가 변경되었다고 프로젝트 수행기간을 무조건 연장하거나 추가예산을 확보하기는 힘들다. 즉, 프로젝트관리 영역 사이의 상충관계가 발생하기 때문에 최종 의사결정은 그러한 권한을 가진 적절한 사람이 내려야 한다. 이처럼 프로젝트의 주요한 변경(베이스라인의 변경)에 대한 승인 권한을 가진 위원회를 변경통제위원회(CCB, Change Control Board) 혹은 형상통제위원회(Configuration Control Board)라고 한다. 프로젝트 규모가 크고, 복잡할수록 여러 계층의 변경통제 위원회가 있으며, 상위로 갈수록 고위 경영층이 의사결정에 참여한다. 변경통제 위원회의 활동이 효과적이기 위해서는 프로젝트 내부의 변경통제 절차가 다음과 같은 프로세스를 포함하여야 한다.

- 변경사항을 식별하고 프로젝트 전체 관점에서 변경 영향력이나 효과를 평가, 검증하는 프로세스
- 변경사항 유형별 의사결정 책임자 혹은 변경통제위원회
- 형상 식별, 기록, 감사를 위한 프로세스(형상이란 문서 혹은 제품을 의미)
- 승인된 변경사항에 대하여 주요 이해당사자들과 의사소통하는 프로세스

대부분 기업에서 변경요청을 기술적인 문제로 판단하고 관리적인 검토는 실시하지 않는 경우가 많다. 즉, 기술검토만 이뤄진다는 것인데, 이를 위해서 기술검토위원회(Engineering Review Board, ERB)가 구성되기도 한다. ERB는 CCB와 대등한 위치에서 변경에 대한 심사를 수행한다.

일반적으로 기업에서 CCB와 ERB 모두 변경을 승인하면, 변경 요청은 수용되고 실행에 옮겨진다. 만일 두 위원회 모두 변경을 승인하지 않으면, 변경 요청은 취소된다. 그러나 두 위원회의 의견이 다르면, CCB와 ERB는 향후 어떤 결정을 내릴 지에 대해 서로 협의해 결정한다.

프로젝트관리자가 가진 중요한 정보 중 하나는 지금까지 수행한 진척데이터이다. 관리자가 진척데이터에 대해 알지 못하면 비용을 과도하게 지출했는지 아니면 계획보다 덜 사용했는지 알지 못할 것이다. 또 일정계획에 따라 프로젝트가 진행되고 있는지도 알 수 없다. 프로젝트를 효과적으로 통제하기 위해서는 업무성과를 정확하게 측정할 수 있는 기준이 마련되어야 한다.

전통적으로 비용 변동을 평가하는 접근법은 계획한 비용과 실제 사용한 비용의 차이를 계산하는 방식이다. 마이너스 편차가 나오면 계획한 비용보다 지출이 많다는 것을 의미한다. 플러스 편차는 계획한 비용보다 지출이 적었다는 것을 의미한다.

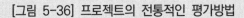

[그림 5-36] 프로젝트의 전통적인 평가방법

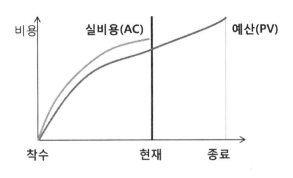

예산과 일정 상황의 검토를 위한 분석적 방법 중의 하나가 '획득가치관리법(Earned Value Management, EVM)으로 1960년대 후반에 개발된 이래로 대규모의 국방 프로그램에서 제한적으로 사용되었는데 오늘날은 대규모 프로젝트뿐만 아니라 소규모 프로젝트에도 사용하고 있는 실정으로 경영 분야에서 개발된 여러 기법들 중에서 세련되고도 효과적인 방법으로 평가되고 있다.

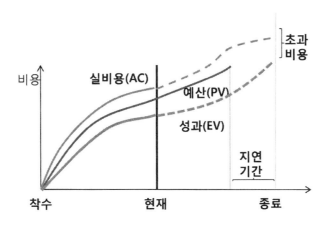

[그림 5-37] EVM 방법을 사용한 프로젝트 평가방법

프로젝트의 비용과 일정을 통합적으로 관리하기 위해 개발된 개념인 EVM은 프로젝트 비용 대비 성과를 적절하게 평가하지 못하는 부분을 보완하기 위해 개발된 방법으로 획득 가치(Earned Value, EV)라는 개념을 만들었다. 이것은 정기적으로 프로젝트의 진행과 현재의 상황을 파악한 후, 기준 계획과 비교하여 비용과 일정 등에 대해 평가하고, 향후 비용과 일정에 대해 추정하는 것을 목적으로 한다.

EVM에서 EV는 프로젝트의 시작에서 현재 시점까지 이루어 놓은 성과 가치를 화폐단위로 표시하는 지표이다. 이를 이용하여 프로젝트 기준 계획상의 예산 및 일정과 비교하여 비용의 초과진출 여부, 일정의 지연 여부, 프로젝트 예상 완료시점까지 추가 투입 비용 등을 추정할 수 있다.

EVM은 프로젝트에서 발생될 수 있는 문제를 아래와 같이 여러 가지 지표로 보여줄 수 있다.

[표 5-9] EVM의 여러 지표

| 프로젝트 관련 지표 | 지표 내용 |
|---|---|
| 납기지연지표:SV<br>(Schedule variance, 일정편차) | SV=EV-PV<br>SV〉0, 계획보다 일정이 빠를 때<br>SV〈0, 계획보다 일정이 지연될 때 |
| 예산(비용)초과여부:CV | CV=EV-AC |

| 프로젝트 관련 지표 | 지표 내용 |
|---|---|
| (Cost variance, 비용편차) | CV〉0, 예산보다 비용이 적게 투입될 때<br>CV〈0, 예산보다 비용이 초과될 때 |
| 전체 일정의 효과성:SPI<br>(Schedule Performance Index, 일정평가 지수) | SPI=EV/PV<br>SPI〉1, 계획보다 일정이 빠를 때<br>SPI〈1, 계획보다 일정이 지연될 때 |
| 투입 예산의 효과성:CPI<br>(Cost Performance Index, 비용 평가 지수) | CPI=EV/AC<br>CPI〉1, 예산보다 비용이 적게 투입될 때<br>CPI〈1, 예산보다 비용이 초과될 때 |
| 완료시점의 추정 예산:EAC<br>(Cost Estimate at Completion, 전체 비용추정액) | EAC=AC+ETC |
| 완료시점까지 투입하여야 할 비용:ETC<br>(Estimate to Complete, 잔여 투입비용 추정액) | ETC=(BAC-EV)/CPI |
| PV : Planned Value(계획예산) EV : Earned Value(집행예산) AC : Actual Cost(실제 발생원가), BAC : Budget at Completion 해당 프로젝트를 완성하는데 필요로 예상되는 총예산(누적개념) | |

아래 그림은 EVM방법을 사용, 특정시점에서 일정, 비용의 진척, 투입 상황을 알 수 있고 이를 기초로 EAC, ETC지표를 사용하여 예산 완료시점까지 비용과 예산을 추정할 수 있다. 그 외에 최근에 EVM방법의 다양한 지표가 실제 업무를 위해 연구되고 있다.

[그림 5-38] EVM 개념

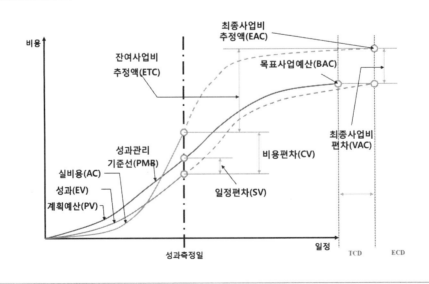

EVM의 또 다른 사용 방법은 지속적으로 프로젝트의 시점별 진척추이를 이용하여 프로젝트의 결과를 예측하는 것이다.

[그림 5-39] EVM 지표 추이분석

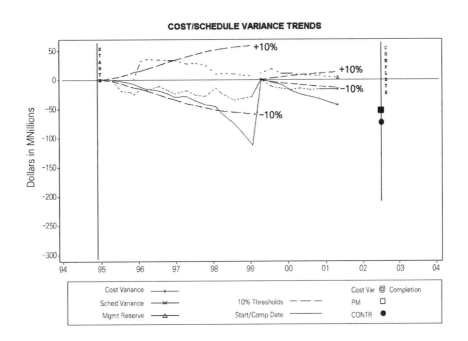

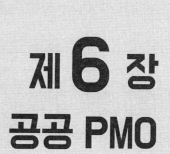

제**6**장
공공 PMO

## 6.1 공공PMO 개념

공공PMO란 공공 정보화사업의 성공을 위하여, 위험을 사전에 예방하고, 품질을 일정 수준 이상으로 유지하기 위해 정보화사업의 관리·감독 업무를 위탁하는 것으로, 사업관리 수행 전문가가 PMO대상사업의 기획부터 사업 후 지원까지 전 단계에 걸쳐 사업관리를 수행하고, 기술측면을 지원하는 것을 의미한다.

## 6.2 도입 배경

PMO가 제도적으로 등장한 이유는, 국내 IT의 급속한 발전 속도, 정보시스템의 더욱 복잡하고 대형화되고 있는 것에 반해, 사용자 요구분석과 기능 상세화에 대한 업무능력 부족과 대형 프로젝트에 대한 관리적 한계로 잦은 위험발생 및 품질 저하 등의 문제가 SI사업에서 중요 이슈가 되고 있기 때문이다.

특히 2013년 1월 1일부터 시행된 '소프트웨어산업진흥법(2012.5.23 개정, 법률 제11436호)' 제24조의2(중소소프트웨어사업자의 사업참여 지원)에 따라 국가기관 등이 발주하는 소프트웨어사업에 대기업 참여가 제한되어 공공 정보화사업의 수행주체가 중소기업 위주로 되었다. 이는, 그동안 대기업의 하청구조로 참여하면서 실제 업무는 중소기업에서 하고, 원청자인 대기업은 관리만 하는 구조여서, 대기업을 배제하더라도 업무에 큰 무리가 없을 것으로 판단하였고, 오히려 대기업의 고비용이 실제 업무에 반영되는 장점이 있을 것으로 예상되었다.

하지만, 대기업에 비해 공공 정보화사업의 사업관리 경험 및 능력이 부족한 중소기업이 사업에 주로 참여하게 되면서, 정보화사업 품질 확보를 위해 체계적이고 전문적인 사업관리 능력이 보다 중요해졌다.

공공 정보화사업의 과제내용이 고도화되고 다부처 실시간 연계, 급속히 트렌드화 되고 있는 ICBAM(IoT, Cloud, Big Data, AI, Mobile) 같은 첨단정보기술 적용 및 고도화된 보안침해 문제 대두 등 정보화사업의 난이도가 증가하고 있다. 복잡하고 대형화되는 것에 대해 새로운 위험을 최소화하고 정보화사업의 품질을 향상시키기 위해서 프로젝트관리에 대한 전문성 확보가 요구되고 있다.

이러한 배경에서, 국가 정보화사업을 효율적으로 수행하기 위해 전자정부사업에 대한 관리·감독 업무의 전부 또는 일부를 전문지식과 기술능력을 갖춘 자에게 위탁할 수 있도록 하는 공공 PMO제도가 행정·공공기관에 도입되었다.

'전자정부법(법률 제14914호, 2017. 10. 24.) 제64조의 2(전자정부사업관리의 위탁)에 의거하여 행정기관 등의 장은 전자정부사업을 효율적으로 수행하기 위하여 전자정부 사업에 대하여 관리·감독하는 업무(전자정부사업관리)의 전부 또는 일부를 전문지식과 기술능력을 갖춘 자에게 위탁할 수 있다.

[그림 6-1] 공공PMO의 법적 관계

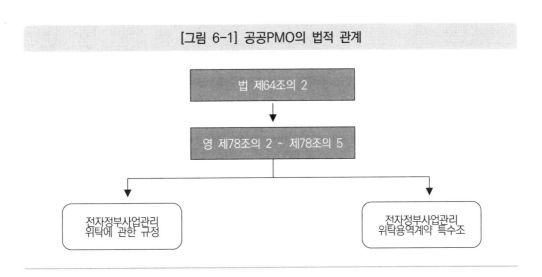

○ 전자정부법(법률 제14914호, 2017.10.24.) → "법"이라 칭함
○ 전자정부법 시행령(대통령령 제28211호, 2017.7.26.) → "영"이라 칭함
○ 전자정부사업관리 위탁에 관한 규정(행정안전부고시 제2017-1호, 2017.7.26.) → "위탁규정"이라 칭함.
○ 전자정부사업관리 위탁용역계약 특수조건(행정안전부예규 제1호, 2017.7.26.) → "위탁조건"이라 칭함

공공 정보화사업에 대기업 참여가 제한되고, 사업 수행 환경이 점차 복잡화되어가는 상황에서 PMO제도는 발주기관과 중소기업에 모두 필요한 정책으로 출발했다.

전자정부법 제64조의2 및 같은 법 시행령 제78조의2에 근거하여 각 행정기관의 장이 행정자치부에 제출한 2013년도부터 2016년도까지 '전자정부사업관리 PMO 위탁사업 추진 실적 및 계획'을 살펴보면 총 35개의 행정·공공기관에서 PMO사업이 추진, 수행 그리고 종료되었다.

공공 PMO사업의 예산을 살펴보면, 2016년 9개 기관의 946억 원 규모의 본 사업 예산 중 전자정부사업관리 위탁(PMO) 사업의 예산은 그 중 약 7.4% 정도인 70억 원이다. 그리고 공공기관 PMO사업 추진실적 자료를 바탕으로 사업규모를 살펴보면, 2013년 7개 기관으로 약 87.9억 원, 2014년 10개 기관으로 약 90억 원, 2015년 9개 기관으로 약 88억 원이다. 이처럼 아직도 공공 PMO 사업은 일부 대형 프로젝트에서만 활용되고 있는 편이다.

[표 6-1] 연도별 전자정부사업관리 위탁(PMO) 사업 규모

| 사업년도 | 기관 수 | PMO 사업 예산(백만 원) |
| --- | --- | --- |
| 2016년도 | 9개 | 7,057 |
| 2015년도 | 9개 | 8,800 |
| 2014년도 | 10개 | 9,000 |
| 2013년도 | 7개 | 8,700 |

PMO 제도 관련 주요 내용으로 PMO 도입대상 사업범위, PMO사업자 법인요건, PMO사업자 선정기준, PMO사업 표준계약서 등이 있으며, 이는 『전자정부법』 제64조의2, 『전자정부법 시행령』 제78조의2, 제78조의3, 제78조의4, 제78조의5로 명문화되어 있다.

행정기관이 전자정부사업관리 위탁을 추진함에 있어 PMO사업자가 준수하여야 할 PMO사업자의 자격요건, 선정기준, 수행업무 및 대가 산정기준 등에 관한 세부사항을 마련하기 위하여 전자정부사업관리 위탁에 관한 규정을 고시한 바 있고, 행정안전부 예규로 PMO표준계약 조건을 규정한 전자정부사업관리 위탁용역계약 특수조건이 있다. PMO제도 관련

법/제도는 아래 표와 같다.

[그림 6-2] PMO 제도 관련 법/제도

| 전자정부법<br>제64조의2 | 전자정부법<br>시행령 | 전자정부사업관리<br>위탁규정 | 전자정부사업관리<br>위탁용역계약 특수조건 |
|---|---|---|---|
| ① PMO대상사업 범위 | 78조의2 ① PMO 대상사업의 구체적 범위 | 제1조 목적 | 제1조 목적 |
| ② PMO사업자 선정 | 78조의2 ② PMO 추진계획 제출 및 공개 | 제2조 용어정의 | 제2조 정의 |
| ③ 금지조항 | 78조의2 ③ PMO 추진계획의 변경 및 취소 | 제3조 PMO대상사업의 선정 | 제3조 계약문서 |
| ④ PMO사업수행 결과 및 성과자료 제출 | 78조의3 PMO사업자의 자격요건 | 제4조 전자정부사업관리 위탁 | 제4조 발주기관의 관리감독 |
| ⑤ 필요사항 고시 | 78조의4 ① PMO 사업자의 선정기준 | 제5조 PMO사업자의 선정 | 제5조 PMO사업자의 업무 |
|  | 78조의4 ② 선정기준 사항 고시 | 제6조 PMO사업자의 독립성 | 제6조 PMO사업자의 업무수칙 |
|  | 78조의5 표준계약서 | 제7조 공동계약 | 제7조 공동계약 |
|  |  | 제8조 대가산정 절차 | 제8조 용역착수 |
|  |  | 제9조 기본대가 | 제9조 참여인력관리 |
|  |  | 제10조 위탁업무 가중치 | 제10조 보고의무 |
|  |  | 제11조 난이도 보정계수 | 제11조 PMO사업 수행장소 및 방법 |
|  |  | 제12조 보정대가 | 제12조 PMO사업 일시정지 |
|  |  | 제13조 PMO수행조직 구성 | 제13조 비밀유지 |
|  |  | 제14조 PMO수행업무 | 제14조 분쟁해결 |
|  |  | 제15조 발주기관 업무 | 제15조 이행지체책임 |
|  |  | 제16조 신의성실 | 제16조 손해배상책임 |
|  |  | 제17조 PMO사업 결과 및 성과자료 제출 | 제17조 위탁용역 결과귀속 |
|  |  |  | 제18조 재검토기한 |

『전자정부법』 제64조의2(전자정부사업관리의 위탁) 제1항, 『전자정부법 시행령』 제78조의2(관리·감독 업무를 위탁할 수 있는 전자정부사업의 범위 등) 제1항에 따라 대국민서비스, 공통행정서비스, 통합·연계사업, 전자정부사업관리에 경험 및 전문성 등이 부족하거나 필요 인력 등이 충분하지 않은 경우에 발주기관은 PMO를 도입할 수 있도록 하고 있다.

[표 6-2] PMO 도입 기준

| 구분 | 내용 |
|---|---|
| 대국민 서비스 | 전자민원창구 시스템, 재난안전관리 시스템 등 국민생활의 편의와 안전을 위하여 필요한 정보시스템을 구축하거나 고도화하는 사업 |
| 공통행정 서비스 | 행정기관 내 전자문서유통 시스템 등 여러 행정기관 등이 공통적으로 사용하여 행정의 효율성에 큰 영향을 미치는 정보시스템을 구축하거나 고도화하는 사업 |
| 통합·연계 사업 | 행정정보의 공동이용시스템 등 둘 이상의 정보시스템이 통합·연계되어 고도의 사업관리 역량이 요구되는 사업 |
| 행정기관 등의 장이 인정하는 사업 | 해당 행정기관 등이 전자정부사업관리에 대한 경험 및 전문성 등이 부족하거나 필요 인력 등이 충분하지 아니하여 위탁관리가 필요한 사업<br>그 밖에 전자정부사업의 중요도 및 난이도 등이 대국민·공통행정서비스 및 통합·연계사업에 준하는 것으로서 전문적인 관리·감독이 필요하다고 인정되는 사업 |

당초 PMO도입여부는 정보화사업의 중요도·난이도·규모와 기관의 사업관리 역량 등을 종합적으로 고려하여 발주기관 자체적으로 판단하도록 하였다는 점에서 의무조항의 명시가 없을 경우에 제도 도입의 한계점이 지적되어 왔다. 하지만 대부분의 사업이 법 제64조의2(전자정부사업관리의 위탁) 제1항, 영 제78조의2(관리·감독 업무를 위탁할 수 있는 전자정부사업의 범위 등) 제1항 등에 의거, 사업내용에 따른 PMO도입 범위를 명시함으로써 PMO도입 기준을 밝히고 있다.

## 6.6 PMO 도입 시기

PMO를 도입하고자 하는 경우 기획단계, 집행단계, 사후관리단계를 모두 위탁하는 것을 원칙으로 한다. 다만 『전자정부사업관리 위탁에 관한 규정』 제4조(전자정부사업관리 위탁) 제1항에 의거하여, 본사업의 여건에 따라 기획단계 또는 사후관리단계는 제외할 수 있다.

PMO를 기획단계 부터 도입하는 것은 대규모 시스템 정보화사업 외에는 쉽지 않다고 보는 것이 일반적이다. 수행단계에서 도입하는 경우는, 감리와 비슷하게 생각하여 본 사업 시작 후 도입하는 것은 좋은 방법이 아니라고 보고 있다.

수행단계만 PMO를 도입하는 경우라 할지라도, 수행사 선정 전에 PMO를 먼저 투입하여 진행하는 것이 훨씬 효과적인 사업 진행을 할 수 있다. 이 경우 PMO사업자가 관리할 본사업 업무내용, 업무절차, 발주기관 정보화환경 등을 파악할 수 있어 사업관리 준비가 더욱 철저히 할 수 있는 이득이 있다. 아울러 PMO가 미리 사업수행에 관한 기본 지침, 산출물 양식 등을 사전에 준비할 수 있어 효율적이고 원활한 사업 수행이 진행되는 기대효과가 있다.

PMO의 예산은 기재부 『예산안 편성 및 기금운용계획안 작성 세부지침』에 따라 차기년도 예산에 반영하며, 차기년도 예산에 반영하지 못한 경우(예산 미확보 및 누락) 해당 기관의 정보화사업 예산에서 가용할 범위를 할당하여 PMO사업을 추진한다.

이들 PMO사업 예산은 본사업 대비 낮은 금액으로 수주되는 것이 현실이다. PMO예산이 별도로 책정되어 있지 않은 상황에서 정보화 전체예산의 증가 없이 본사업 예산의 일부를 PMO사업으로 발주하는 것은 어려운 일이다. 발주기관의 자율적 PMO도입을 권장하고 있기 때문에 PMO도입의 필요성은 느끼고 있으나, 감리와 달리 선택사항으로 규정되어 있어 PMO도입은 쉽지 않은 실정이다.

이에 PMO도입 활성화의 가장 시급한 해결과제는 예산 확보이며, 난이도가 높은 대규모 사업에 도입되는 만큼 충분한 PMO사업 예산 확보가 필요하다.

## 6.8 PMO사업자와 발주기관의 역할

### 6.8.1 발주기관 업무

PMO도입 시, 발주기관은 『위탁규정』 제15조(발주기관의 업무)에 의거하여

    ① 본사업 및 PMO사업에 대한 관리감독

    ② 본사업 및 PMO사업에 관한 의사결정 및 보고체계 정립

    ③ 본사업 수행자와 전자정부사업관리자 간의 역할 조정

    ④ 현업부서 등의 의견수렴 및 이해관계 조정

    ⑤ PMO업무에 필요한 행정사항 지원의 업무를 수행하여야 한다.

발주기관은 PMO사업 제안요청서에 기관의 여건과 사업특성을 고려한 PMO목표 및 임무 등의 상세 역할을 정하여 명시할 수 있다.

### 6.8.2 PMO사업자의 업무

PMO사업자의 각 단계별 상세업무는 『위탁규정』 제14조(전자정부사업관리자의 업무)에 의거 별표 5([표 6-3] 참조)에 따르며, 각 기관은 본사업의 특성을 고려하여 해당 항목을 조정하여 적용할 수 있다.

[표 6-3] 전자정부사업관리자의 수행단계별 세부 업무 (제14조 관련)

| 수행단계 | 관리항목 | 세부업무 |
|---|---|---|
| 기획단계 | 통합관리 | 1. 사업계획 수립 지원<br>2. 사업대가 산정 지원<br>3. 제안요청서 작성 지원<br>4. 사업자 선정 및 기술협상 지원 |
| | 성과관리 | 1. 사업목표 수립 지원<br>2. 세부 성과지표 및 목표치 수립 지원 |
| 집행단계 | 통합관리 | 1. 사업착수 관련 계획의 검토 및 조정<br>2. 사업 진행상황 모니터링, 검토 및 조정<br>3. 과업 변경영향 분석 및 대안 제시<br>4. 설계·종료 단계 기능점수 적정성 검토 |

| 수행단계 | 관리항목 | 세부업무 |
|---|---|---|
| | | 5. 사업의 검사·인수 지원<br>6. 단계별 교훈수집, 하자보수 계획 및 절차 검토·조정<br>7. 적용된 사업관리 절차 및 방법론의 지식화<br>8. 위험 및 쟁점 사항에 대한 지식화 |
| 집행단계 | 이해<br>관계자 관리 | 1. 이해관계자 식별 및 영향도 분석<br>2. 이해관계자 의견 반영여부 점검 및 조치사항 지시 |
| | 범위관리 | 1. 사업범위 검토 및 조정<br>2. 요구사항 분석내용의 점검 및 추적관리<br>3. 사업범위 변경통제 |
| | 자원관리 | 1. 투입인력 계획의 적정성 검토 및 조정<br>2. 투입인력 계획의 준수여부 점검 및 조치사항 지시<br>3. 인력변경 적정성 점검 및 조치사항 지시 |
| | 일정관리 | 1. 일정계획 검토 및 조정<br>2. 진척상황 점검 및 지연시 조치사항 지시<br>3. 일정변경 요청의 타당성 검토 및 대안제시 |
| | 위험관리 | 1. 위험 관리계획 검토 및 조정<br>2. 위험사항 식별 및 분석<br>3. 위험 대응계획 검토 및 조정<br>4. 위험 대응상황 점검 및 조치사항 지시 |
| | 품질관리 | 1. 품질 및 시험 관리계획 검토 및 조정<br>2. 방법론 검토 및 조정<br>3. 품질·시험 활동 점검 및 조치사항 지시 |
| | 성과관리 | 1. 성과 관리계획 수립<br>2. 단계별 성과지표 평가 |
| | 조달관리 | 1. 하도급 및 조달 계획 점검·조정<br>2. 하도급 및 조달 계획의 이행상황 점검, 조치사항 지시 |
| | 의사소통<br>관리 | 1. 의사소통 계획 검토 및 조정<br>2. 사업추진 상황 및 쟁점사항의 정기·비정기 보고<br>3. 발주기관의 의사결정 지원 |
| | 변화관리 | 1. 변화관리 계획 검토 및 조정<br>2. 변화관리 계획의 이행여부 점검 및 조치사항 지시 |
| | 보안관리 | 1. 보안 및 개인정보보호 관리계획 검토·조정<br>2. 보안 및 개인정보보호 관리계획 이행여부 점검, 조치사항 지시 |
| 사후관리<br>단계 | 통합관리 | 1. 정보시스템 안정화 지원<br>2. 위탁대상사업 및 위탁용역 산출물의 활용·관리 지원<br>3. 하자여부의 검토<br>4. 하자보수 이행 관리 지원 |
| | 변화관리 | 1. 정보시스템 변화관리 지원<br>2. 교육 및 홍보 지원 |
| | 성과관리 | 1. 성과지표 달성여부 평가 |

또한 『계약특수조건』 제5조(위탁용역 수행자 업무)에 따라 PMO사업자는 집행단계에서 응용시스템, 데이터베이스, 시스템 아키텍처, 보안 등 전문분야의 분석·설계 및 시험 관련 기술 검토 등의 업무도 수행하여야 한다.

- PMO사업자는 아래 표 'PMO대상사업 집행단계 관리·감독 항목'을 기준으로 PMO 대상사업의 진행단계별로 사업관리 전반에 대한 관리·감독 업무를 수행한다.
- PMO사업자는 아래 표 'PMO대상사업 집행단계 기술지원 항목'에 따라 PMO대상사업의 진행단계별로 기술부문 전반에 대한 검토·조정 업무를 수행한다.

[표 6-4] PMO사업자의 PMO대상사업 집행단계 관리·감독 항목

| 관리영역 | 분석 | 설계 | 구현 | 시험 · 전개 |
|---|---|---|---|---|
| 통합 | - 사업 진행상황 모니터링, 검토 및 조정<br>- 과업 변경영향 분석 및 대안 제시<br>- 단계별 교훈수집 | - 설계단계 기능점수 적정성 검토 | | - 종료단계 기능점수 적정성 검토<br>- 사업의 검사·인수 지원<br>- 하자보수 계획 및 절차 검토·조정<br>- 적용된 사업관리 절차 및 방법론의 지식화<br>- 위험 및 쟁점사항에 대한 지식화 |
| 이해<br>관계자 | - 이해관계자 의견 반영여부 점검 및 조치사항 지시<br>- 이해관계자 식별 및 영향도 분석 | | | |
| 범위 | - 요구사항 분석내용의 점검 및 추적관리<br>- 사업범위 변경통제<br>- 사업범위 검토 및 조정 | | | |
| 자원 | - 투입인력 계획의 준수여부 점검 및조치사항 지시<br>- 인력변경 적정성 점검 및 조치사항 지시<br>- 투입인력 계획의 적정성 검토 및 조정 | | | |
| 일정 | - 진척상황 점검 및 지연 시 조치사항 지시<br>- 일정변경 요청의 타당성 검토 및 대안 제시<br>- 일정계획 검토 및 조정 | | | |
| 위험 | - 위험사항 식별 및 분석<br>- 위험 대응상황 점검 및 조치사항 지시<br>- 위험 관리계획 검토 및 조정<br>- 위험 대응계획 검토 및 조정 | | | |

| 관리영역 | 분석 | 설계 | 구현 | 시험 · 전개 |
|---|---|---|---|---|
| 품질 | - 품질·시험 활동 점검 및 조치사항 지시 | | | |
| | - 품질 및 시험 관리계획 검토 및 조정<br>- 방법론 검토 및 조정 | | | |
| 성과 | - 단계별 성과지표 평가 | | | |
| | - 성과 관리계획 수립 | | | |
| 조달 | - 하도급 및 조달 계획의 이행상황 점검, 조치사항 지시 | | | |
| | - 하도급 및 조달 계획 점검·조정 | | | |
| 의사소통 | - 사업추진 상황 및 쟁점사항의 정기·비정기 보고<br>- 발주기관의 의사결정 지원 | | | |
| | - 의사소통 계획 검토 및 조정 | | | |
| 변화 | - 변화관리 계획의 이행여부 점검 및 조치사항 지시 | | | |
| | - 변화관리 계획 검토 및 조정 | | | |
| 보안 | - 보안 및 개인정보 보호 관리계획 이행여부 점검, 조치사항 지시 | | | |
| | - 보안 및 개인정보 보호 관리 계획 검토·조정 | | | |

[표 6-5] PMO사업자의 PMO대상사업 집행단계 기술지원 항목

| 프로세스 | 분석 | 설계 | 구현 | 시험 · 전개 |
|---|---|---|---|---|
| 응용<br>시스템 | - 현행 업무기능 분석 내역 검토·조정<br>- 기능 요구사항 정의 내역 검토·조정<br>- 기능 정의 내역 검토·조정<br>- 그밖에 분석단계 응용시스템 | - 기능 설계 내역 검토·조정<br>- 화면 설계 내역 검토·조정<br>- 내외부 시스템 인터페이스 설계 내역 검토·조정<br>- 단위시험 계획 검토·조정<br>- 개발 표준 검토·조정<br>- 그밖에 설계단계 응용시스템 기술 검토 및 조정 | - 개발표준 준수여부 검토·조정<br>- 기능 구현 결과 검토·조정<br>- 단위시험 결과 검토·조정<br>- 통합시험 계획 검토·조정<br>- 그밖에 구현단계 응용시스템 기술 검토 및 조정 | - 통합시험 결과 검토·조정<br>- 사용자 시험 계획·결과 검토·조정<br>- 운영환경 설치·배포 결과 검토·조정<br>- 그밖에 시험·전개단계 응용시스템 기술 검토 및 조정 |
| DB | - 현행 업무관련 데이터 분석 내역 검토·조정<br>- 데이터 요구사항 | - 데이터베이스 테이블 설계 내역 검토·조정<br>- 데이터베이스 성능 | - 데이터베이스 구현 결과 검토·조정<br>- 그밖에 구현단계 데이터베이스 기술 검 | - 초기 데이터 구축·전환 결과 검토·조정<br>- 그밖에 시험·전개단계 데이터베이스 기술 |

| 프로세스 | 분석 | 설계 | 구현 | 시험·전개 |
|---|---|---|---|---|
|  | 정의 내역 검토·조정<br>- 데이터 모델링 정의 결과 검토·조정<br>- 그밖에 분석단계 데이터베이스 기술 검토 및 조정 | 설계 내역 검토·조정<br>- 데이터 백업 및 복구대책 검토·조정<br>- 초기 데이터 구축 및 기존 데이터 전환 계획 검토·조정<br>- 그밖에 설계단계 데이터베이스 기술 검토 및 조정 | 토 및 조정 |  |
| 아키텍처 | - 현행 시스템 분석 결과 검토·조정<br>- 아키텍처 요구사항 정의 내역 검토·조정<br>- 아키텍처 정의 결과 검토·조정<br>- 기술적용계획표 검토·조정<br>- 그밖에 분석단계 아키텍처 | - 아키텍처 설계 내역 검토·조정<br>- 시스템 설치 및 검증 계획 검토·조정<br>- 그밖에 설계단계 아키텍처 기술 검토 및 조정 | - 시스템 도입 및 설치 결과 검토·조정<br>- 시스템 구성요소 검증결과 검토·조정<br>- 시스템 시험 계획 검토·조정<br>- 그밖에 구현단계 아키텍처 기술 검토 및 조정 | - 시스템 시험 결과 검토·조정<br>- 기술적용결과표 검토·조정<br>- 시스템 및 업무 전환 결과 검토·조정<br>- 그밖에 시험·전개단계 아키텍처 기술 검토 및 조정 |
| 보안 | - 보안 요구사항 정의 내역 검토·조정<br>- 보안 분석 결과 검토·조정<br>- 그밖에 분석단계 보안 기술 검토 및 조정 | - 보안 설계 결과 검토·조정<br>- 그밖에 설계단계 보안 기술 검토 및 조정 | - 보안 구현 결과 검토·조정<br>- 그밖에 구현단계 보안 기술 검토 및 조정 |  |

### 6.8.3 PMO대상사업수행자의 품질관리조직과 PMO사업자의 역할

○ PMO대상사업수행자의 품질관리조직은 PMO대상 사업수행자 관점에서 품질관리를 수행한다.

○ 반면, PMO사업자는 발주기관의 입장에서 PMO대상사업수행자가 제출한 사업계획 및 이행결과를 검토·조정하고, 쟁점 및 위험을 식별·분석·보고하며, 이에 대한 대안을 제시하여 발주기관의 의사결정을 지원하는 역할을 한다.

### 6.8.4 PMO대상사업 집행단계에서의 PMO와 단계별 감리간 역할

○ PMO대상사업 집행단계에서의 PMO와 단계별 감리간 역할은 이론상으로 아래와 같이 구분할 수 있으나, 해당사업의 특성이나 발주기관의 여건·상황 등에 따라 다를 수 있다.

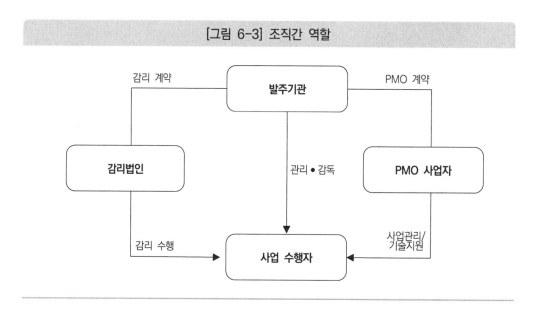

[그림 6-3] 조직간 역할

○ PMO는 전 사업기간에 걸쳐 발주기관이 수행해야하는 사업에 대한 상시·지속적인 사업관리 업무를 대행하고, 분석·설계 및 시험 관련 기술 검토를 지원한다.

○ 정보시스템 감리는 제3자적 관점에서 사업수행자의 사업관리 적정성 점검 및 설계 결함여부, 구현 적정성 검증 등 설계 산출물 및 구현 결과에 대한 종합점검 후 개선 및 보완사항을 도출하는 업무를 수행한다.

○ 다만, 정보시스템감리기준 제10조의2에 따른 상주감리는 PMO와 동일한 취지로 도입되었으므로 PMO를 수행하는 경우에는 상주감리의 추가 도입은 불필요할 수 있다.

## 6.8.5 발주기관의 사업추진단과 PMO사업자의 역할

○ 발주기관의 사업추진단은 발주기관의 원활한 사업 추진을 위해 각 담당자들로 구성
된 조직으로 발주기관 관점에서의 의사결정 및 사업관리를 위한 조직이다.

○ 이에 반해 PMO사업자는 발주기관의 부족한 사업관리 역량을 보완하고, 지원하기
위해 사업관리 업무를 위탁받아 업무를 수행하는 자이다.

○ 따라서, 내부에 구성된 사업추진단은 업무적 관점에서 의사결정을 위한 경우가 많
으며, 사업추진단이 정보화사업관리 역량을 보유하지 않은 경우가 많기 때문에 이
경우에도 PMO를 따로 발주할 수 있다.

**전자정부사업의 관리감독 수탁자 자격요건**

전자정부사업의 관리감독 수탁자의 자격 요건은 아래와 같다.

○ 제78조의3(전자정부사업관리자의 자격요건)
○ 법 제2조제3호에 따른 공공기관(학교는 제외)
○ 법 제58조에 따라 등록된 감리법인
○ 「소프트웨어산업 진흥법」 제2조제4호에 따른 소프트웨어사업자로서 같은 조 제5호
　에 따른 소프트웨어기술자(「국가기술자격법」에 따라 정보처리 분야의 기술자격을 취
　득한 사람 또는 소프트웨어 기술 분야에서 대통령령으로 정하는 학력이나 경력을
　가진 사람)를 3명 이상 보유한 법인

6.10　**PMO사업자 조직구성**

PMO사업자의 조직은 아래와 같이 구성한다.

○ 위탁규정 제13조(전자정부사업관리 수행조직 구성 등)
○ 수행책임자, 관리지원인력, 기술지원 인력으로 구성
○ 수행조직은 발주기관의 장이 제안요청서에서 제시하는 요건을 갖춘 인력으로 구성
○ 수행책임자 : 전자정부사업관리의 총괄·지휘, 발주기관의 의사결정자 및 PMO대상
　사업수행자 등 이해관계자간 의사소통
○ 관리지원인력 : 일정관리, 위험관리, 품질관리 등 전반적인 사업관리 지원
○ 기술지원인력 : 해당업무에 대한 응용시스템, 데이터베이스, 시스템 아키텍처, 보안
　등 전문분야의 분석·설계 및 시험 관련 기술지원

○ 발주기관은 수행책임자, 관리지원 및 기술지원 역할을 수행하는 참여인력을 각각 별도로 구성하도록 할 수 있으나, PMO대상사업 규모 및 특성 등에 따라 3명 미만의 PMO 인력이 투입될 경우 1명이 상기 3가지 역할 중 일부를 겸직하도록 할 수 있다.

## 6.11 PMO사업자의 독립성 등

PMO사업자의 독립성을 아래와 같이 보장한다.

○ 법 제64조의2(전자정부사업관리의 위탁) 제3항, PMO사업자는 자기 또는 자기의 계열회사(「독점규제 및 공정거래에 관한 법률」 제2조 제3호에 따른 계열회사를 말한다)가 해당 전자정부사업을 도급받도록 조언하여서는 아니 된다.

○ 위탁규정 제6조(PMO사업자의 독립성 확보), PMO사업자, PMO대상사업수행자 및 감리법인 그 상호간에는 사회통념상 독립성을 침해할 수 있는 특수관계가 없도록 하여야 한다.

○ 법 제64조의3(전자정부사업관리자의 책무 등), PMO사업자가 전자정부사업관리업무를 수행할 때 계약을 위반하거나 고의나 과실로 발주자에게 손해를 발생시킨 경우에는 그 손해를 배상하여야 한다.

○ 위탁조건 제15조(이행 지체책임) 제1항 및 제2항, PMO사업자의 귀책사유로 PMO사업 수행 기간을 초과한 때에는 PMO사업자에게 지체의 책임이 있다. 이 경우에 PMO사업자는 PMO사업 계약금액의 1,000분의 2.5에 해당하는 금액을 지체일수에 곱하여 산출한 지체상금을 현금으로 납부하여야 한다.

○ 법 제74조(비밀누설 등의 금지), 전자정부사업관리 위탁업무에 종사하고 있거나 종사하였던 사람은 정당한 사유 없이 직무상 알게 된 비밀을 다른 사람에게 누설하거나 도용하여서는 아니 된다.

○ 법 제75조(벌칙 적용 시의 공무원 의제), 전자정부사업관리 위탁업무에 종사하고 있거나 종사하였던 사람은 공무원이 아닌 경우에도 「형법」 제129조부터 제132조까

지의 규정을 적용할 때에는 공무원으로 본다.

○ 법 제57조(행정기관 등의 정보시스템 감리) 제1항 및 영 제71조(정보시스템 감리의 대상) 제2항, 사업비가 5억원 미만인 전자정부사업으로, 대국민 서비스를 위한 행정 업무 또는 민원업무 처리용으로 사용하는 경우나 여러 중앙행정기관등이 공동으로 구축·사용하는 경우에는 PMO 수행 시 정보시스템 감리를 생략할 수 있다.

○ 법 제57조(행정기관등의 정보시스템 감리) 제1항 및 영 제71조(정보시스템 감리의 대상) 제2항, 사업기간이 5개월 미만인 정보시스템 구축사업인 경우에는 PMO 수행 시 정보시스템 감리를 생략할 수 있다.

○ 위탁규정 제14조(전자정부사업관리자의 업무), 단계별 감리를 하지 않는 경우, PMO사업자는 PMO대상사업의 검사 전에 과업 내용 이행여부를 점검하도록 정하고 있다. 여기서 과업이행여부 점검이란 국가계약법 제14조제1항에 따른 발주기관의 검사행위를 지원하기 위한 활동을 의미한다.

○ PMO사업자의 과업이행여부 점검방법(예시)

 - 과업이행여부 점검은 과업 수행 시 계약서 기준으로 요구사항이 추적되고 내용이 이행되었는지를 점검하는 것이다. 정보시스템 감리를 생략하는 경우, PMO가 과업이행 여부를 효율적으로 점검하는 방법을 고려하여야 한다.

 - 과업이행여부 점검은 기능 요구사항과 비기능 요구사항으로 나누어 점검할 수 있다.

 - 기능요구사항은 기능의 구현여부와 구현된 기능의 품질로 나누어 점검할 수 있다.

   • (기능의 구현여부) 요구사항추적표를 통해 확인할 수 있다.

   • (구현된 기능의 품질) PMO대상사업수행자가 수행한 단위/통합시험결과, 결함 조치내역, 발주기관의 인수시험결과, 시스템 오픈여부, 오픈 이후 결함 조치 내역 등 다양한 시험결과를 종합하여 판단할 수 있다.

 - 비기능 요구사항은 단계별로 관련 요구사항이 산출물에 적절하게 반영되었고, 요구된 품질을 확보하였는지 점검하여 확인할 수 있다.

# 제 7 장
## 표준 템플릿

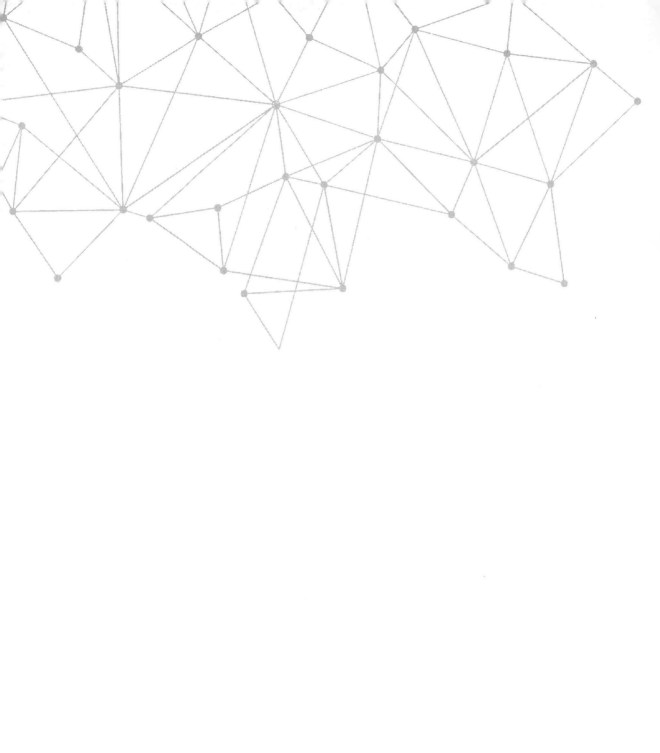

○ 프로젝트 차터

## 1. 프로젝트 관련 정보

| | |
|---|---|
| 프로젝트 명 | |
| 프로젝트 기간 | |
| 추진 배경 | |
| 추진 목적 | |

### 문서 관련 정보

| 버전 | 날짜 | 작성자 | 변경 이유 |
|---|---|---|---|
| | | | |

## 2. 프로젝트 정의

| | |
|---|---|
| 프로젝트 종료 후 예상 결과물 | |
| 프로젝트 종료 후 사용자 | |
| 프로젝트 종료 후 기대 효과 | |
| 프로젝트 성공을 평가하기 위한 요소 | |
| 주요 산출물 | |

## 3. 프로젝트 관련 상세 내용

| 시작 예정일 | | 종료 예정일 | |
|---|---|---|---|

### 프로젝트 상세 설명

### 프로젝트 예상 비용

| 예상 비용 | | 자금원 | |
|---|---|---|---|

### 중요 일정

| 내용 | 일정 | 비고 |
|---|---|---|
| | | |

### 예상 위기

### 가정 및 제약 조건

## 4. 투입자원 정보

| 인적 사항 | 부서(회사) | 역할 |
|---|---|---|
| | | |

## 5. 프로젝트 승인

| 역할 | 이름 | 서명 | 날찌 |
|---|---|---|---|
| | | | |

## 6. 적요

○ 회의록

| 프로젝트 회의록 | | | | | 문서번호 | |
|---|---|---|---|---|---|---|
| 프로젝트명 | | 부문명 | | 작성일 | 작성자 | |
| 회의일시 | | | | | | |
| 참석자 | 이름 | 서명 | | 이름 | | 서명 |
| | | | | | | |
| | | | | | | |
| 회의안건 | | | | | | |

### 주요 토의 사항

| 이슈ID | 주요 안건 | 토의 내용 |
|---|---|---|
| | | |
| | | |
| | | |

### 주요 결정 사항

| 이슈ID | 결정 사항 | 비고 |
|---|---|---|
| | | |
| | | |
| | | |

### 주요 Action Item

| No | Action Item | Target Date | Actionee |
|---|---|---|---|
| | | | |
| | | | |
| | | | |

### 기타 사항

| |
|---|
| |

○ 주간보고서

| 주간 회의 및 진척 보고서 | | | | | 문서번호 | |
|---|---|---|---|---|---|---|
| 프로젝트명 | | 부문명 | | 작성일 | 작성자 | |

| Version#: | | 기간 | From | | 승인자 |
|---|---|---|---|---|---|
| 회의일자: | | | To | | |

**계획 및 실적(실적계획)**

| 전체 | | 부 문 | | | | | |
|---|---|---|---|---|---|---|---|
| | | | | | | | |
| | | | | | | | |

**프로젝트 주간/월간 수행내역**

| 업무 구분 | 작업 내용 | 비 고 |
|---|---|---|
| | | |
| | | |

**이슈 진척**

| No | 내 용 | 진 척 | 비 고 |
|---|---|---|---|
| 1 | | | |
| 2 | | | |
| 3 | | | |
| 4 | | | |

○ 월간보고서 I

| 주간/월간 회의 및 진척 보고서 | | | | | | 문서번호 | |
|---|---|---|---|---|---|---|---|
| 프로젝트명 | | 부문명 | | 작성일 | | 작성자 | |

| Version#: | | 기간 | From | | 승인자 |
|---|---|---|---|---|---|
| 회의일자: | | | To | | |

**차주 계획**

| 업무 구분 | 작업 내용 | 비 고 |
|---|---|---|
| | | |
| | | |

**기타 사항**

| |
|---|
| |

○ 월간보고서

| 월간회의 및 진척보고서 | | 문서번호 | |
|---|---|---|---|
| 프로젝트명 | | 단계 | | 프로세스 | |
| 부문명 | | 작성일자 | | 작성자 | |

### 전체 진척

| 지난 달( 월) | | 이번 달( 월) | | 다음 달( 월) |
|---|---|---|---|---|
| 계획 | 실적 | 계획 | 실적 | 예상 |
| | | | | |

### 부문별 진척

| 단계 \ 상태 | 진척 상태 | | | 계획 (%) | 실적 (%) | 차이 (%p) | 비고 |
|---|---|---|---|---|---|---|---|
| | Green | Yellow | Red | | | | |
| Core 부문 | 요구분석 | | | | | | |
| | 기본설계 | | | | | | |

### 위기, 이슈, 변경 요약

| 내역 \ 구분 | 위기 | | | | 이슈 | | | | 변경 | | | |
|---|---|---|---|---|---|---|---|---|---|---|---|---|
| | 발의 | 처리 | 진행 | 기타 | 발의 | 처리 | 진행 | 기타 | 발의 | 처리 | 진행 | 기타 |
| 전체 | | | | | | | | | | | | |
| 이번 달 | | | | | | | | | | | | |

### 주요 추진 실적

| WBS ID | 명칭 | 계획 | 실적 | 상태 | 비고 |
|---|---|---|---|---|---|
| | | | | | |

### 위기 상세

| Risk ID | 위기 명 | 내용 | 발의일자 | 잘의자 | 처리상황 |
|---|---|---|---|---|---|
| | | | | | |

### 이슈 상세

| Issue ID | 이슈 명 | 내용 | 발의일자 | 잘의자 | 처리상황 |
|---|---|---|---|---|---|
| | | | | | |

| 변경 상세 | | | | | |
|---|---|---|---|---|---|
| Change ID | 변경 명 | 내용 | 발의일자 | 잘의자 | 처리상황 |
| | | | | | |

| 주요 일정 | | | | |
|---|---|---|---|---|
| 마일스톤 | 승인된 일정 | 수행 실적 | 예상 | 상태 |
| | | | | |

| 기타 사항 |
|---|
| |

○ 범위기술서(과업지시서)

| 프로젝트 범위기술서 | | | | 문서번호 | |
|---|---|---|---|---|---|
| 프로젝트명 | | 부문명 | 작성일자 | 프로세스 | |

**1. 프로젝트 요약**

| |
|---|

**2. 프로젝트 추진 목적**

| 2.1 추진 조직 | |
|---|---|
| 2.2 프로젝트 목적 | |

**3. 프로젝트 상세 내용**

| 3.1 프로젝트 범위 | |
|---|---|
| 3.2 외적 영향 | |
| 3.3 가정/제약 사항 | |

**4. 주요 일정**

| 단계 | 목표일 |
|---|---|
| | |

**5. 프로젝트관리 방안**

| 5.1 개발 방안 | |
|---|---|
| 5.2 이슈/위기 관리 | |
| 5.3 변경 관리 | |
| 5.4 의사소통 관리 | |

**6. 프로젝트 단계별 달성 조건**

| 단계 | 조건 | 확인 | 날짜 |
|---|---|---|---|
| | | | |
| | | | |

○ WBS

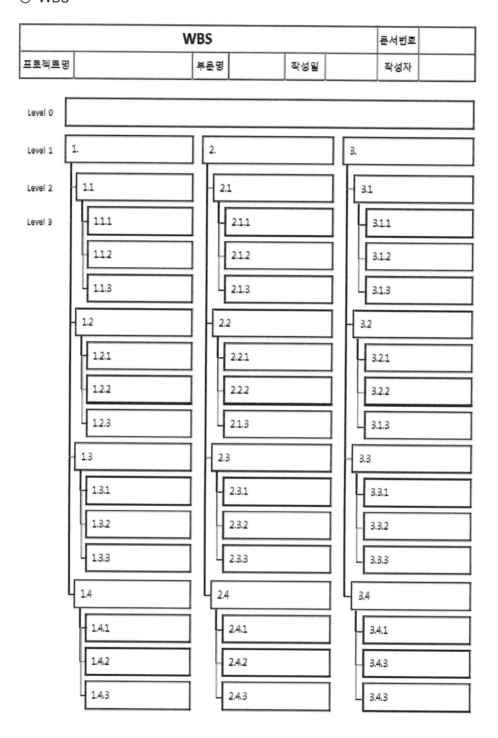

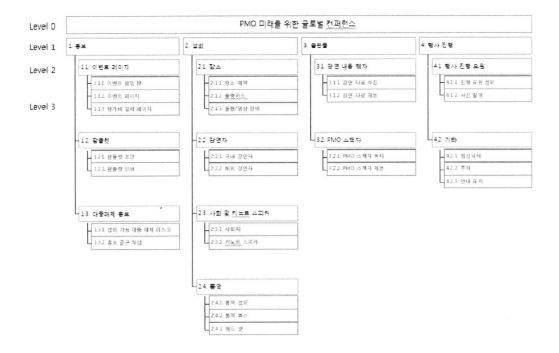

| Level 0 | PMO 미래를 위한 글로벌 컨퍼런스 | | | |

Level 1 — 1 홍보 / 2 섭외 / 3 출판물 / 4 행사 진행

Level 2 / Level 3 구조:

**1 홍보**
- 1.1 이벤트 페이지
  - 1.1.1 이벤트 팝업 분
  - 1.1.2 이벤트 페이지
  - 1.1.3 참가비 결제 페이지
- 1.2 팜플렛
  - 1.2.1 팜플렛 초안
  - 1.2.2 팜플렛 인쇄
- 1.3 대중매체 홍보
  - 1.3.1 섭외 가능 대중 매체 리스트
  - 1.3.2 홍보 문구 작성

**2 섭외**
- 2.1 장소
  - 2.1.1 장소 예약
  - 2.1.2 물행 컨트.
  - 2.1.3 물행/영상 장비
- 2.2 강연자
  - 2.2.1 국내 강연자
  - 2.2.2 해외 강연자
- 2.3 사회 및 키노트 스피커
  - 2.3.1 사회자
  - 2.3.2 키노트 스피커
- 2.4 통역
  - 2.4.1 통역 섭외
  - 2.4.2 통역 부스
  - 2.4.3 헤드 셋

**3 출판물**
- 3.1 강연 내용 책자
  - 3.1.1 강연 자료 수집
  - 3.1.2 강연 자료 제본
- 3.2 PMO 소책자
  - 3.2.1 PMO 소책자 목차
  - 3.2.2 PMO 소책자 제본

**4 행사 진행**
- 4.1 행사 진행 요원
  - 4.1.1 진행 요원 섭외
  - 4.1.2 사진 촬영
- 4.2 기타
  - 4.2.1 점심식사
  - 4.2.2 주차
  - 4.2.3 안내 표지

○ WBS Dictinary

<table>
<tr><td colspan="6" align="center">WBS Dictionary</td><td>문서번호</td><td></td></tr>
<tr><td>프로젝트명</td><td></td><td>부문명</td><td></td><td>작성일</td><td></td><td>작성자</td><td></td></tr>
</table>

<table>
<tr><td rowspan="2">Work Package 명</td><td rowspan="2"></td><td>책임자</td><td></td><td>예상시작일</td><td>예상종료일</td></tr>
<tr><td>WBS ID</td><td></td><td></td><td></td></tr>
<tr><td>작업내용</td><td colspan="5"></td></tr>
<tr><td>예상결과물</td><td colspan="5">1.<br>2.</td></tr>
</table>

| | | | 작업 상세 내역 | | | | | | | | |

| WBS ID | Act. ID | 활동명 | Activity | 투입 Resource | Labor | | | Material | | | Total Cost |
|---|---|---|---|---|---|---|---|---|---|---|---|
| | | | | | Hour | Rate | Total | Unit | Cost | Total | |
| | | | | | | | | | | | |
| | | | | | | | | | | | |

<table>
<tr><td>품질관련 요구사항</td><td></td></tr>
<tr><td>검수기준</td><td></td></tr>
<tr><td>기술적인 사항</td><td></td></tr>
<tr><td>예상되는 위험</td><td></td></tr>
<tr><td>기타</td><td></td></tr>
</table>

○ 프로젝트 공정표

| 프로젝트 공정표 | | | 문서번호 | |
|---|---|---|---|---|
| 프로젝트명 | | 부문명 | 작성일 | 작성자 |

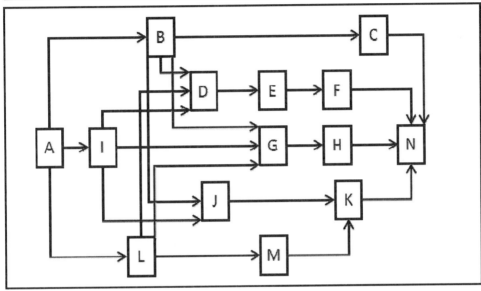

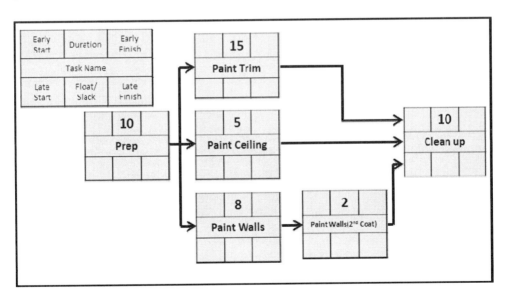

○ 프로젝트 상세일정표

<table>
<tr><td colspan="5" align="center">**프로젝트 상세 일정표**</td><td>문서번호</td><td></td></tr>
<tr><td>프로젝트명</td><td></td><td>부문명</td><td></td><td>작성일</td><td>작성자</td><td></td></tr>
</table>

| 활동 | 선행작업 | 기간 | ES | EF | LS | LF | TF |
|------|----------|------|-----|-----|-----|-----|-----|
| A | None | 2 | 1 | 2 | 1 | 2 | 0 |
| B | A | 3 | 3 | 5 | 6 | 8 | 3 |
| C | A | 6 | 3 | 8 | 3 | 8 | 0 |
| D | B,C | 1 | 9 | 9 | 9 | 9 | 0 |

○ OBS

| OBS (Organization Breakdown Structure) | | | | 문서번호 | |
|---|---|---|---|---|---|
| 프로젝트명 | | 부문명 | 작성일 | 작성자 | |

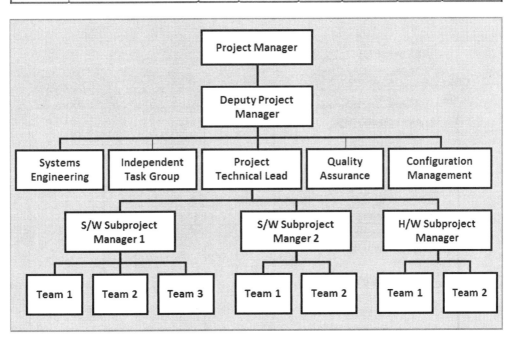

○ RAM

| RAM (Responsibility Assignment Matrix) | | | | | | 문서번호 | |
|---|---|---|---|---|---|---|---|
| 프로젝트명 | | 부문명 | | 작성일 | | 작성자 | |

WBS activities ⟶

OBS units ⟶

| | 1.1.1 | 1.1.2 | 1.1.3 | 1.1.4 | 1.1.5 | 1.1.6 | 1.1.7 | 1.1.8 |
|---|---|---|---|---|---|---|---|---|
| Systems Engineering | R | R P | | | | | R | |
| Software Development | | | R P | | | | | |
| Hardware Development | | | | R P | | | | |
| Test Engineering | P | | | | | | | |
| Quality Assurance | | | | | R P | | | |
| Configuration Management | | | | | | R P | | |
| Integrated Logistics Support | | | | | | | P | |
| Training | | | | | | | | R P |

R = Responsibility organization unit
P – Performing organizational unit

○ IBR, PMB 보고서

| (비용) | 월 | 1 | 2 | 3 | 4 | 5 | 6 | 7 | 8 | 9 | 10 | 11 | 12 |
|---|---|---|---|---|---|---|---|---|---|---|---|---|---|
| 400 | | | | | | | | | | | | | |
| 300 | | | | | | | | | | | | | |
| 200 | | | | | | | | | | | | | |

**Comment:**

IBR 평가

PMB 설정

○ PMB

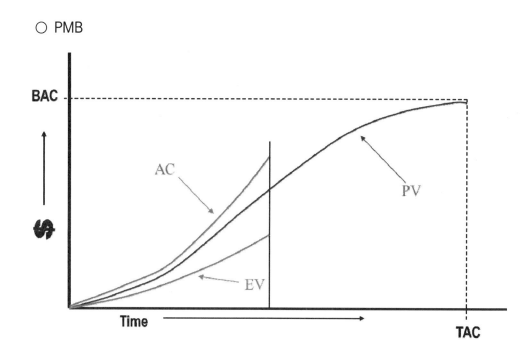

○ 진척평가보고서

| 프로젝트명 | | PMO | |
|---|---|---|---|
| 보고 기간 | | 보 고 일 | |

## 1. 진척관련

### ▣ 전체 진척보고

| 구 분 | 5월 | 6월 | 7월 | 8월 | 9월 | 10월 | 11월 | 12월 |
|---|---|---|---|---|---|---|---|---|
| 전체 예정공정율(%) | | | | | | | | |
| 현재 진행공정율(%) | | | | | | | | |
| 차이(%) | | | | | | | | |

### ▣ 부문별 진척보고

| 부문(가중치) | 1(15) | 2(15) | 3(10) | 4(10) | 5(15) | 6(5) | 7(10) | 8(5) | 9(5) |
|---|---|---|---|---|---|---|---|---|---|
| 예정공정율 | | | | | | | | | |
| 진행공정율 | | | | | | | | | |
| 차이(%) | | | | | | | | | |

■ 진척소견

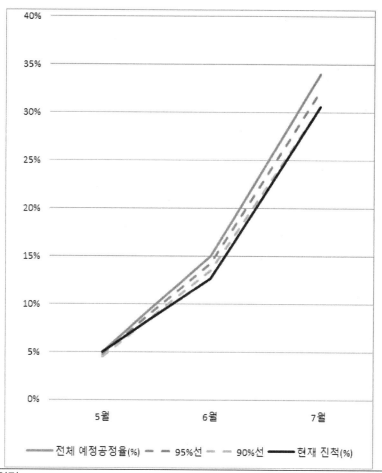

평가의견

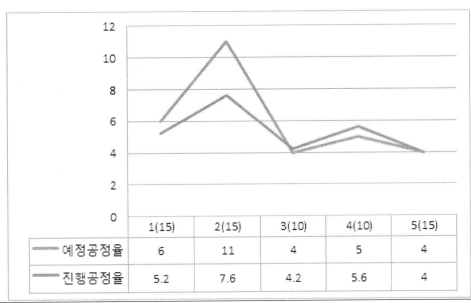

| | 1(15) | 2(15) | 3(10) | 4(10) | 5(15) |
|---|---|---|---|---|---|
| 예정공정율 | 6 | 11 | 4 | 5 | 4 |
| 진행공정율 | 5.2 | 7.6 | 4.2 | 5.6 | 4 |

| 평가의견 |
|---|
| |

## 2. 이슈 변경 위기 통제

| 이슈 | | | 변경 | | | 위기(리스크) | | |
|---|---|---|---|---|---|---|---|---|
| 총발생 | 금월<br>발생 | 완료<br>(발의) | 진행 | 발생 | 완료 | 진행 | 발생 | 완료 | 진행 |
| 00 | 0 | 00(0) | 0 | 0 | 0 | 0 | 0 | 0 | 0 |

### ▣ 조치 중인 이슈사항

| ID | WP ID | 이슈 | 담당자 | 조치기한 | 처리상태 |
|---|---|---|---|---|---|
| IS-0020 | | | | | |

### ▣ 이슈, 변경 리스크 소견

| 평가의견 |
|---|
| |

## 3. 금월 실적 및 차월 계획

| 업무명 | 금월 실적 (2016.00.00 – 2016.00.00) | | 차월 계획 (2016.00.00 – 2016.00.00) | |
|---|---|---|---|---|
| | WBS # | 내용 | WBS# | 내용 |
| 1 | 1 | – | 1 | – |
| | 8 | – | | |
| | 기타 | – | 기타 | |
| 2 | | | | |

## 4. 주요 조치 사항

| |
|---|
| |

○ 이슈 로그(이슈관리대장)

| 이슈 로그 | | | | | | 문서번호 | |
|---|---|---|---|---|---|---|---|
| 관련(명칭) | | | | | | | |
| 단계 | | 프로세스 | | Act. ID | | WBS ID | |
| 요청자 | | 요청(제출)일 | | 승인자 | | | |
| 처리완료(예정)일 | | 처리상태 | 발의( )　처리중( )　완료( ) | | | | |

| 이슈내용 | |
|---|---|
| PMO의견 | |
| 첨부자료 | |

| No | 문서명 | 비고 |
|---|---|---|
| 1 | | |
| 2 | | |
| 3 | | |

| | 프로젝트 이슈 관리대장 | | | 문서번호 | | | |
|---|---|---|---|---|---|---|---|
| 프로젝트명 | | | | 단계 | | 프로세스 | |
| 부문명 | | | | 작성일 | | 작성자 | |

**이슈 내역**

| Issue ID | 이슈명 | 발의일 | 발의자 | 이슈 내용 | 처리상황 | 완료일자 | 비고 (W ID/A ID) |
|---|---|---|---|---|---|---|---|
| | | | | | | | |
| | | | | | | | |
| | | | | | | | |
| | | | | | | | |
| | | | | | | | |
| | | | | | | | |
| | | | | | | | |
| | | | | | | | |
| | | | | | | | |
| | | | | | | | |
| | | | | | | | |
| | | | | | | | |
| | | | | | | | |
| | | | | | | | |
| | | | | | | | |
| | | | | | | | |
| | | | | | | | |
| | | | | | | | |
| | | | | | | | |
| | | | | | | | |

*처리상황: 1.발의, 2.처리중, 3.완료
*비고: W ID : WBS ID, A ID : Activity ID

○ 리스크 로그(리스크관리대장)

| 리스크 로그 | | | 문서번호 | |
|---|---|---|---|---|

| 관련(명칭) | | | | | | |
|---|---|---|---|---|---|---|
| 단계 | | 프로세스 | | Act. ID | | WBS ID |
| 요청자 | | 요청(제출)일 | | 승인자 | | |
| 처리(완료예정)일 | | 처리상태 | 발의( ) 처리중( ) 완료( ) | | | |

**위험식별 내역**

| RISK ID | | 명칭 | |
|---|---|---|---|
| 식별일 | | 식별자 | |
| 위험 요소 | | | |
| 근거 | | | |

**위험평가 내역**

| 평가일 | 영향<br>(High, Medium, Low) | 발생 가능성<br>(%) | 평가내용 |
|---|---|---|---|
| | | | |
| | | | |
| | | | |
| 세부 영향 | □ 범위　　□ 일정　　□ 비용　　□ 품질 | | |

**대응방안 내역**

| 대응 유형 | □ 회피　　□ 전가　　□ 완화　　□ 수용 |
|---|---|
| 세부 내역 | |

**위험 상태 및 완료 확인**

| 상태 | □ 처리중　　□ 완료 | 완료일 | |
|---|---|---|---|
| 확인 | 발주기관　　　　서명:　　　　　일자:　　　.<br>전문기관　　　　서명:　　　　　일자:　　　.<br>프로젝트 관리자　서명:　　　　　일자:　　　.<br>위험관리자　　　서명:　　　　　일자:　　　. | | |

| 리스크 관리대장 | | | 문서번호 | |

| 프로젝트명 | | 단계 | | 프로세스 | |
|---|---|---|---|---|---|
| 부문명 | | 작성일 | | 작성자 | |

### 리스크 내역

| RiskID | 리스크명 | 발의일 | 발의자 | 리스크 내용 | 처리상황 | 완료일자 | 비고 (W ID/A ID) |
|---|---|---|---|---|---|---|---|
| | | | | | | | |
| | | | | | | | |
| | | | | | | | |
| | | | | | | | |
| | | | | | | | |
| | | | | | | | |
| | | | | | | | |
| | | | | | | | |
| | | | | | | | |
| | | | | | | | |
| | | | | | | | |
| | | | | | | | |
| | | | | | | | |
| | | | | | | | |
| | | | | | | | |
| | | | | | | | |
| | | | | | | | |
| | | | | | | | |
| | | | | | | | |
| | | | | | | | |

*처리상황: 1.발의, 2.처리중, 9.완료
*비고: W ID : WBS ID, A ID : Activity ID

○ 변경 로그(변경관리대장)

| 변경 요청서 | | | 문서번호 | |
|---|---|---|---|---|
| 관련(명칭) | | | | |
| Act. ID | | WBS ID | | |
| 요청자 | | 요청(제출)일 | | 승인자 |
| 처리완료(예정)일 | | 처리상태 | 발의(  )  처리중(  )  완료(  ) | |

| 변경 범주 | ☐ 범위  ☐ 품질  ☐ 요구사항  ☐ 비용(원가)  ☐ 일정  ☐ 문서 | | |
|---|---|---|---|
| 변경 사유 | | | |
| 변경 내용 | | | |
| 변경 전 | | 변경 후 | |
| | | | |
| 변경영향 | 일정 | ☐ 영향력 증가  ☐ 영향력 감소  ☐ 수정  ☐ 없음 | |
| | 영향에 대한 서술 | | |
| | 비용 | ☐ 영향력 증가  ☐ 영향력 감소  ☐ 수정  ☐ 없음 | |
| | 영향에 대한 서술 | | |
| | 범위 | ☐ 영향력 증가  ☐ 영향력 감소  ☐ 수정  ☐ 없음 | |
| | 영향에 대한 서술 | | |
| | 품질 | ☐ 영향력 증가  ☐ 영향력 감소  ☐ 수정  ☐ 없음 | |
| | 영향에 대한 서술 | | |
| 승인여부 | ☐ 승인          ☐ 거절 | | |

변경통제위원회

| 이름 | 소속/부서 | 역할 | 서명 |
|---|---|---|---|
| | | | |
| | | | |
| | | | |

| 변경 관리대장 | | | 문서번호 | |
|---|---|---|---|---|

| 프로젝트명 | | 단계 | | 프로세스 | |
|---|---|---|---|---|---|
| 부문명 | | 작성일 | | 작성자 | |

### 리스크 내역

| Chage ID | 변경명 | 발의일 | 발의자 | 변경 내용 | 처리상황 | 완료일자 | 비고 (W ID/A ID) |
|---|---|---|---|---|---|---|---|
| | | | | | | | |
| | | | | | | | |
| | | | | | | | |
| | | | | | | | |
| | | | | | | | |
| | | | | | | | |
| | | | | | | | |
| | | | | | | | |
| | | | | | | | |
| | | | | | | | |
| | | | | | | | |
| | | | | | | | |
| | | | | | | | |
| | | | | | | | |
| | | | | | | | |
| | | | | | | | |
| | | | | | | | |
| | | | | | | | |
| | | | | | | | |
| | | | | | | | |
| | | | | | | | |

*처리상황: 1.발의, 2.처리중, 3.완료
*비고: W ID : WBS ID, A ID : Activity ID

○ 이해관계자분석서

| 이해관계자 분석서 | | | | 문서번호 | |
|---|---|---|---|---|---|
| 프로젝트명 | | 부문명 | 작성일 | 작성자 | |

**Stakeholder의 종류**

| 이 름 | 소 속 | 관련 내용 |
|---|---|---|
| | | |
| | | |
| | | |

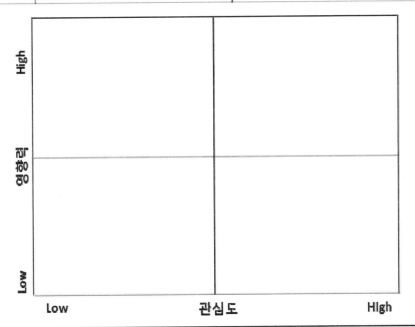

Note

○ EVM 평가서

| 총비용 또는 가중치 | | | | SV | SPI | CV | CPI |
|---|---|---|---|---|---|---|---|
| 월 | PV | EV | AC | | | | |
| 1 | 50 | 50 | 25 | | | | |
| 2 | 70 | 60 | 40 | | | | |
| 3 | 90 | 80 | 67 | | | | |
| 4 | 120 | 105 | 90 | | | | |
| 5 | 130 | 120 | 115 | | | | |

추이 분석

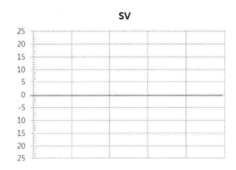

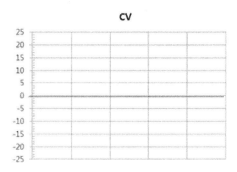

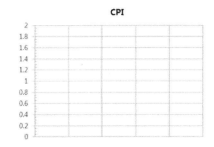

현시점에서 프로젝트 평가

전체 프로젝트 납기 및 예산 평가

○ 지연일정 만회대책

| 지연일정 만회대책 | | | | 문서번호 | |
|---|---|---|---|---|---|
| 관련(명칭) | | | | | |
| Act. ID | | | WBS ID | | |
| 요청자 | | 요청(제출)일 | | 승인자 | |
| 처리완료예정일 | | 처리상태 | 발의( ) 처리중( ) 완료( ) | | |

| 업무 | | 단계 | |
|---|---|---|---|
| WBS ID | | WBS 명 | |
| 지연원인 | | | |
| 만회방안 | | | |

| 업무 | | 단계 | |
|---|---|---|---|
| WBS ID | | WBS 명 | |
| 지연원인 | | | |
| 만회방안 | | | |

| 업무 | | 단계 | |
|---|---|---|---|
| WBS ID | | WBS 명 | |
| 지연원인 | | | |
| 만회방안 | | | |

○ 활동 목록

| Activity List | | | | 문서번호 | |
|---|---|---|---|---|---|
| 프로젝트명 | | 단계 | | 프로세스 | |
| 부준명 | | 작성일 | | 작성자 | |

**Activity 내역**

| WBS ID | Activity ID | 활동명 | 활동 설명 | 활동기간 | 선행활동 | 활동비용 | 비고 |
|---|---|---|---|---|---|---|---|
| | | | | | | | |
| | | | | | | | |
| | | | | | | | |
| | | | | | | | |
| | | | | | | | |
| | | | | | | | |
| | | | | | | | |
| | | | | | | | |
| | | | | | | | |
| | | | | | | | |
| | | | | | | | |
| | | | | | | | |
| | | | | | | | |
| | | | | | | | |
| | | | | | | | |
| | | | | | | | |
| | | | | | | | |
| | | | | | | | |
| | | | | | | | |
| | | | | | | | |
| | | | | | | | |
| | | | | | | | |
| | | | | | | | |
| | | | | | | | |
| | | | | | | | |
| | | | | | | | |
| | | | | | | | |
| | | | | | | | |

## 참고문헌

이석주, 프로젝트 성공 2597, 도서출판 범한, 2016

이석주, PMMM을 통해본 IT/SW 프로젝트의 현상과 문제점, 해결방안, 한국프로젝트 경영
학회, 2014

이석주 · 신영환, 프로젝트 관리의 해법, 한언, 2007

이석주, SW 산업환경 변화에 따라 조달청의 대응과 새로운 역할, 2012 코리아 나라장터
엑스포, 2012

이석주, PM Paradigm Shift in Korea: Introduction of PMO to Information
System of Public Sectors in Korea, 중국 PMI 컨퍼런스, 2014

지식경제부, "정보화사업 선진 발주제도 도입설명회" 2012. 01.

지식경제부 "공생발전형 SW 생태계 구축 전략" 2011. 10.

행정안전부 "공공정보화 PMO 도입을 위한 공청회" 2012. 06.

"PMO 미래를 위한 글로벌 컨퍼런스 자료집" 2012. 07. 05.

정재봉, "공공 SI 프로젝트의 성공적인 수행을 위한 RFP 적합성에 관한 연구" 2010. 06.

배성우, "SW 프로젝트 수행 관계법령과 공공 정보화 프로젝트 성공의 기여에 관한 연구",
2013.06.

기술표준원, KSAISO21500 프로젝트 관리 지침, 2013

한국정보산업진흥원, PMO 워킹그룹 연구보고서, 2013

한국정보 진흥원, PMO 도입 운영 가이드, 2013

한국정보 진흥원, 전자정부 사업의 PMO 도입 방안 연구, 2006

박헌준 · 이석주 · 인호, PMO 제도 도입 · 운영에 따른 관계 법령 연구 및 성공적인 PMO
를 위한 적합성 연구, 정보처리학회, 2012

용환성 · 정재봉 · 이석주, 경영환경 변화에 따른 프로젝트 관리 성숙도가 기업 경영 성과에
미치는 영향에 관한 연구, 한국프로젝트 경영학회, 2011

윤형석 · 이석주 외 3인, Comparison on South Korean and Standish Report results
regarding project failure and Success, PMI Student Award, 2011

이문선·이석주 외 2인, IT 프로젝트의 범위, 일정 관련 요인이 프로젝트 비용과 위기에 미치는 영향에 관한 사례연구, 한국정보처리학회, 2010

이석준·이석주, 공공정보화 프로젝트의 수주관리와 실태에 관한 연구, 한국정보처리학회, 2014

정재봉·이석주 외 1인, 공공 SI 프로젝트의 제안요청서 적합성상에 대한 분석 연구, 한국정보처리학회, 2010

김본영·이석주, 공공 SI 프로젝트의 수명주기 특성에 관한 연구, 정보시스템학회, 2004

Bates W. S, Improving Project Management, IIE Solutions, Vol, 30, No,p 42 - 43,1998

Brian Hobbs &Monique Aubry, "The Project Management Office(PMO): A Quest for Understanding", 2010

Derek Keating, How does the Project ManagementOffiec(PMO) Deliver Value to the Organization?", Degree of Master of Science in Technology Management of the National University of Ireland, Galway, September 2009

Gerald I. Kendall & Steven C. Rollins, "Advanced Project Portfolio Management and The PMO: Multiplying ROI at Warp Speed", INternational Institute for Learning, Inc and J. Ross Publishing, Inc, 2003

O. Zwikael & S. Globerson, "Evaluationg the quality of project planning: a model and field results", INternational Journal of Production Research, 2004

PM Solutions, "The State of PMO 2012", p.3 - 8

PM Solutions, "The State of PMO 2014", p.3 - 10

PM Solutions, "The State of PMO 2016", p.3 - 12

PMI(PROJECT MANAGEMENT INSTITUTE) "A Guide to the Project Management Body of Knowledge 5h Edition", 2012

Whitten N. The Enter Prize organizations: Organizing Software Projects for Accountability and Success, 2000

Yong W. Lee, "The Effect of PMO on IT Project Management A Summary of The Survey Results", 2006

Jones, Capers. Software Project Management Practices: Failure Versus Success, Software Productivity Research, 2001

Jones, Capers. Software Assessments, Benchmarks, and Best Practices, Addison Wesley Longman, 2000

Kim Heldman, Risk Management, Harbor Light Press, 2005

Parviz F. Rad, Project Estimating and Cost Management, Management Concepts, 2002

Paul C. Dinsmore et al., The right projects done right!, John Wiley & Sons, 2005

PMI, The Pulse of Profession, The Impact of PMOs on Strategy Implementation, 2013

Robert G. Cooper & Scott J. Edgett, Lean, rapid and profitable NPD

Ursula Kuehn, Integrated Cost and Schedule Control in Project Management, Management Concepts, 2006

## 저자소개

### 이석주(Ph. D./PMP)

- 프로젝트 성공 2597(2016, 범한) 집필
- 프로젝트관리의 해법(2012, 한언) 집필
- PMO 도입과 운영가이드 매뉴얼(NIA, 2012) 참여
- PMO관련 정책연구(2016, PMO 제도적용 실태 및 개선 방안 마련)참여
- 사업관리 분야 NCS 매뉴얼 (2014, 2015, 2017) 참여
- 사업관리 자격 기초연구 (한국 SW 산업협회, 2015, 2018) 참여
- ISO TC258 멤버(ISO21500, ISO 21503, 21504, 21505) 참여
- PMO로 프로젝트 참여(Euro의 BUGYO-Beyond, 한국교육개발원의 취업통계, 고등교육 통계, 여가부의 성인지시스템 등)
- 고려대학교 정보대학 및 컴퓨터 정보통신대학원 교수
- (현) 피큐브아이리서치 대표
- CJ 그룹, 삼성자동차, 삼성SDS 근무

### 리강민

- 정보시스템 수석감리원, 데이터품질 심사원, PMO, QAO, 컨설턴트 활동중
- 김포대학, NIA 등에서 강의, TIPA에서 EISDM 개발함.
- 쌍용양회에서 이동통신 셀 설계, 전자소재 연구, 신정보시스템 구축함.
- 사업에서 노력 낭비 배제하고 사업을 성공시키는 사업관리방법론 공유
- 미식축구 한양대팀으로 출전하여 미국 국적팀을 이김.

## 박상종

- 2016년부터 'PMO연구포럼'을 결성하여 PMO실무 수행을 위한 프로젝트관리 방법론과 PMO프로세스 개발 및 연구활동 중임.
- 미국 EDS시스템과 합작사인 LG-EDS 연구소장 역임. (EDS의 SI/SM Business 방법론 및 선진기술도입과 자체 IT솔루션 개발을 주도)
- LG그룹 제조현장 공장자동화시스템을 구축 (CIM, CAD/CAM/CAE 분야 사업도 EDS전문가들과 같이 Project팀을 구성)
- 동양SHL, 브레인넷 등 SI//SM 사업분야 Project 경험 37년,
- 대학시절 전자공학을 전공하면서 Fortran 프로그램 언어에 관심을 가진 게 인연이 되어 금성사(현 LG전자) 전산실로 입사, (다양한 IBM 시스템, 중앙집중식 및 Client/Server 분산처리 )

## 이승철

- 데이터관리인증(DQCM) 심사원,공공데이터 품질관리 수준평가 심사원
- 인덕대학 정보통신 겸임교수 역임
- 1997년부터 공공 SI 사업의 PM으로 참여 (한국교육학술정보원의 나이스, 공무원연금공단 정보시스템 고도화, 국민건강보험공단 정보시스템 고도화, 한국연구재단의 통합정보시스템 등)
- 공공 정보화 사업의 PMO로 참여(중소기업청의 중소기업통합 정보망 구축사업, 문화재청의 문화재기록 포탈시스템, 한국고용정보원의 외국인고용관리 시스템 등)
- PMO 포럼활동과 PM 경험을 토대로 PMO 프로세스를 그리는데 시간을 아끼지 않았다.
- 성균관대학교 전자공학과를 졸업하고, 금성산전에 입사.
- 프로젝트를 수행하지 않을 때는 회사에 짱 박혀 받는 것보다 덜 일하기, 캔디크러시사가, 페북질을 하며 논다. 아직까지 인생에 대한 WBS를 짜본 적은 없다.

# 성공하는 PMO

인쇄  2019년 6월 25일
발행  2019년 6월 28일

지은이  이석주, 리강민, 박상종, 이승철
발행인  이낙용

발행처  도서출판 범한
등록     1995년 10월 12일(제2-2056)
주소     10579 경기도 고양시 덕양구 통일로 374 우남상가102호
전화     (02) 2278-6195
팩스     (02) 2268-9167
메일     bumhanp@hanmail.net
홈페이지  www.bumhanp.com

정가 25,000원   ISBN 979-115596-161-2 [93320]